BALÓN AMARILLO, BANDERA ARCOÍRIS

VÍCTOR GUTIÉRREZ

BALÓN AMARILLO, BANDERA ARCOÍRIS

LIBROS CÚPULA

Diseño de cubierta: Planeta Arte & Diseño
Diseño de interiores: dtm+tagstudy

Primera edición: septiembre de 2022

Av. Diagonal, 662-664, 08034 Barcelona (España)
Libros Cúpula es marca registrada por Editorial Planeta, S. A.
www.planetadelibros.com

ISBN: 978-84-480-2958-6
Depósito Legal: B. 3.546-2022

Impresión: Huertas Indusrtias Gráficas.
Impreso en España – *Printed in Spain*

El papel utilizado para la impresión de este libro está calificado como **papel ecológico** y procede de bosques gestionados de **manera sostenible**.

A mi madre, por ser mi referente
y acompañarme en cada paso de la vida.
A Diego, por ser el primero en ayudarme a quererme.
A Javi, por darme el impulso necesario
para convertirme en quien soy.

Y, sobre todo, a mi yo de ocho años,
que durante tanto tiempo se avergonzó de ser quien era.
Este libro es la prueba de que, aunque lo pensaste,
no estás solo y no tienes miedo.

Te quiero.

Lo logramos.

ÍNDICE

INTRODUCCIÓN

Este libro es mucho más que mi historia. Es el relato de los pasos dados por un camino difícil de transitar que ha desembocado en la aceptación personal. Es un profundo viaje en el que se desgrana el trayecto hacia el entendimiento propio, el autoabrazo y la pérdida del odio y la vergüenza por ser uno mismo. Por desgracia, se trata de una realidad compartida por millones de personas gais, lesbianas, transexuales y bisexuales en todo el mundo. Y a eso hay que añadirle una particularidad más: vivirlo dentro del mundo del deporte.

Históricamente, el deporte ha sido un espacio hostil para todas aquellas personas disidentes, alejadas de la norma, para aquellos fuera de lo socialmente establecido como «normal». Las mujeres, las personas racializadas o las personas LGTBI, lejos de encontrar aceptación, sentimiento de pertenencia o cariño en el ámbito deportivo, se han sentido más señaladas, estigmatizadas y marginadas que en otros círculos.

Mientras que la sociedad española ha avanzado a pasos agigantados en la lucha y conquista de los derechos y las libertades LGTBI y se ha convertido en un referente mundial por sus altísimos índices de aceptación del colectivo, el deporte se ha visto estancado en un eterno limbo en el que, como veremos, en los últimos cuarenta años se llevan repitiendo los mismos comportamientos y actitudes denigrantes.

Abrirse paso hasta llegar a la élite del deporte como hombre homosexual no ha sido tarea fácil. Por el camino, como tantos otros antes que yo, he perdido muchas cosas. Un camino tortuoso que ha dejado cicatrices en mi interior. Quizá no sean visibles, pero son más dolorosas y profundas que las físicas. La mayoría de ellas sanaron, otras permanecen, y algunas, escribiendo este libro, se han vuelto a abrir.

Aunque no todo es negativo, este libro también es una historia de luz, de superación, de un amor propio cocinado a fuego lento, conquistado centímetro a centímetro. Un amor por el que he tenido que pelear durante muchos años, pero en una batalla que indudablemente ha merecido la pena. Una historia que pretende arrojar esperanza, coraje y poder a quienes la lean, escrita con el corazón y contada desde las tripas.

Acompañadme en este viaje de un extremo a otro. Un viaje desde la vergüenza hasta el empoderamiento. De la negación y el rechazo a la visibilidad y el activismo.

Desde mi propia experiencia personal he tratado de hacer un dibujo certero de qué significa ser una persona LGTBI en un mundo como el deporte; empezando por todas las dificultades a las que me tuve que enfrentar en mi infancia al comprender, a una edad muy temprana, que ser gay era algo que no me podía permitir si quería sobrevivir. Que la incipiente identidad que comenzaba a aflorar era algo que debía ocultar y repudiar, y que entraba en conflicto con lo que me habían enseñado que debía ser. Con ocho años y sin información, referentes ni herramientas, gestionar en la más absoluta soledad un debate interno de esa magnitud fue un reto que dejó un poso que arrastré durante toda la adolescencia y del que aún quedan restos. El deporte se convirtió en mi refugio particular, donde a través de mi rendimiento buscaba con desesperación ese aplauso ajeno que yo mismo me negaba.

El miedo a mostrarme tal y como era hizo que construyese un personaje con una coraza de cuyas piezas aún trato de desprenderme. La entrada en un Centro de Alto Rendimiento y la posterior profesionalización encaminaron mi vida a la práctica deportiva de élite, donde las emociones de estar cumpliendo un sueño y no poder ser yo mismo se dieron la mano. La felicidad por alcanzar mis metas unida a la tristeza de tener que ocultar mi verdadera cara. Una lucha encarnizada por encontrar el equilibrio entre ambas facetas de la que salí felizmente victorioso.

Así, el deporte de máxima exigencia es el lugar en el que se ponen de manifiesto de manera muy evidente los roles de género perpetuados, inamovibles, y el daño que estos estereotipos causan. Desgranaremos todos y cada uno de ellos y analizaremos cuáles son las claves para erradicarlos y hacer que el deporte evolucione de una vez por todas. También reflexionaremos sobre la importancia de la educación como vehículo transformador del presente y futuro de la siguiente generación de niños y niñas LGTBI, así como la manera de entender la diversidad de la juventud heterosexual.

Una juventud necesitada de referentes positivos. Motivo que me empujó, entre otras cosas, a dar el paso y salir públicamente del armario para compartir mi historia y hacer un poquito más fácil el camino a los demás. Mi único objetivo fue (es y será) lanzar el mensaje de que no merece la pena vivir ni un solo minuto detrás de una careta o encerrado en un armario. Que debemos perder el miedo, encontrar esa valentía y buscar nuestra propia felicidad estando orgullosos de ser quienes somos. De ser como somos.

Porque si hay dos cosas de las que me siento orgulloso, si hay dos cosas con las que me siento identificado y me representan, sin duda son mi deporte y mi verdadero yo.

El deporte me ha convertido en el hombre que soy. Me ha dado gran parte de los valores que tengo. Me ha enseñado a convivir, a competir, a no rendirme ni bajar los brazos, a afrontar el éxito y, especialmente, el fracaso.

Para sacar a flote mi verdadera identidad tuve que luchar contra la educación que recibí y todo lo que la sociedad me había enseñado hasta el momento. Y el tiempo que tardé en abrazar sin complejos a mi auténtico yo decidí recuperarlo cogiendo fuerte y levantando bien alta una bandera que jamás soltaré: nuestra bandera. La bandera LGTBI, la bandera arcoíris.

Así que si hay dos cosas que definen quién soy son el waterpolo y mi identidad.

El balón amarillo y la bandera arcoíris.

1

PRIMER CUARTO

¿Se nace siendo gay o se hace?

Mucha gente se hace esa pregunta. Existen multitud de estudios y teorías. Algunas apuntan a la genética. Otras hacia una etapa durante el crecimiento en el que determinados estímulos enfocan el deseo hacia un lado u otro. Sin embargo, no hay consenso ni nada científicamente probado, por lo que en una sociedad acostumbrada a debatir hasta lo «indebatible» es natural que la gente se haga esa pregunta. ¿Nací o me convertí? Y, aunque puedo entender la duda, para mí nunca la hubo: se nace.

Hay personas que consideran que la educación y el trato que se les da a los niños puede acabar marcando su orientación sexual. Personalmente, pienso que es algo disparatado. Desde que tengo uso de razón, me he sentido atraído por los hombres. Tengo un hermano un año más pequeño que yo y ambos hemos recibido la misma educación. ¿Qué ha ocurrido para que él sea heterosexual y yo homosexual?

La respuesta es sencilla: nada. Simplemente nacimos así. La diferencia entre ambos es que, debido a esa educación «heteronormativa» que recibimos, yo pensé durante muchos años que estaba enfermo y solo en el mundo, y él no; que yo tuve que ocultar mi verdadera identidad por miedo, y él no; y que, por tanto, la infancia que pasé yo y que pasó él no tienen nada que ver. Mientras él fue un niño completamente normal, yo tuve un debate interno desde una edad muy temprana. Un debate en el que el núcleo era que no me gustaba quien era. Y que para sobrevivir tuve que ocultar esa parte que consideraba tan despreciable, así como buscar en los demás el cariño y el respeto que yo me negaba a mí mismo, para de esa forma, a través de sus aplausos, quererme un poquito.

A todas estas conclusiones, por supuesto, he llegado muchos años más tarde, con ayuda de profesionales y después de innumerables horas de conversaciones. Porque, desde que nacemos, somos portadores de una mochila invisible, a la que vamos echando cosas; nuestras experiencias y vivencias, nuestros miedos e inseguridades... Por no hablar de que hay algunas cosas que pesan más que otras. Al final, llega el punto en el que nos damos cuenta de que llevamos toda nuestra vida arrastrando un lastre que ni siquiera sabíamos identificar. La mayoría de las veces no somos conscientes de que está ahí, pero pesa.

Gran parte de ese lastre que las personas LGTBI arrastramos, comenzamos a sentirlo desde pequeños. La educación es uno de los actores principales en este escenario. No obstante, en mi caso, cuando hablo de educación no me refiero a la que me dieron mis padres. Como os iré contando de aquí en adelante, mi familia siempre ha sido mi mayor apoyo. Me refiero a esa educación estructural de la sociedad. A lo que entendemos por «las reglas del juego». A que desde que nacemos nos dicen lo que está bien y lo que no. Qué es normal y qué no lo es.

Por eso, y a pesar de esa educación heteronormativa y transversal en todos los ámbitos (familia, educación, deporte...), siempre he dicho que soy gay desde que nací, solo que esa orientación sexual, mi identidad, tuvo que luchar contra muchos prejuicios para salir a flote, porque mi subconsciente constantemente la empujaba a lo más profundo de mi ser y trabajaba para que desapareciera.

A fin de cuentas, la infancia es la etapa más importante de una persona a la hora de desarrollarse física e intelectualmente, pero, sobre todo, emocionalmente. Por eso, en este capítulo, no pretendo entender o generalizar acerca de lo que otros han vivido siendo niños LGTBI, sería absurdo siquiera intentarlo; sin embargo, sí creo que contando mi historia, todo lo que viví, mucha gente podrá sentirse identificada y hacerse una idea de lo que para un niño significa sufrir LGTBIfobia a una edad tan temprana. Sé que mi realidad ha sido y sigue siendo la de tantos otros, razón de más para abordar este tema desde la mirada de ese niño que creía que vivir era sobrevivir. Así, como si de un puzle se tratara, narraré algunos aspectos de mi vida que harán encajar todas las piezas.

Para ser justos, he de decir que, echando la vista atrás, fui un niño feliz. Nací en Madrid en 1991, en el seno de una familia de clase media. Mi madre ha trabajado los últimos veinticinco años en Iberia como secretaria de presidencia y mi padre era gerente en la multinacional McDonald's. Justo un año después de mí nació mi hermano Jaime, una de las personas más importantes de mi vida. Nunca nos faltó nada, ni física ni emocionalmente. Mi madre, además de compaginar su trabajo con las labores de la casa, siempre ha sido cariñosa y atenta con nosotros, y mi padre, aunque era más frío en este aspecto, se desvivía por nosotros y nos quería con locura.

En cuanto a mi vida académica, estudié en un colegio de monjas, el Sagrado Corazón, hasta los dieciséis años. Desde pequeño fui buen estudiante y nunca tuve problemas a la hora de pasar de curso con todo aprobado y con buena media. Siempre he sido, también, una persona que ha liderado innatamente. Desde cuarto de primaria y hasta segundo de bachillerato mis compañeros me eligieron delegado de clase.

Siguiendo la analogía del puzle, otra pieza fundamental ha sido (y es) mi estrecha relación con el agua y las piscinas, la cual empezó prácticamente antes de saber andar. Mis padres se compraron una casa de vacaciones en Torremolinos, cuando yo aún estaba en la barriga de mi madre. Pese a que no tengo recuerdos nítidos de esos años, mi madre siempre cuenta que en el primer verano que pasamos allí yo no quería salir de la piscina. Siempre me ha encantado el agua. Como no le tenía miedo, era muy imprudente, pues no sabía nadar, pero tampoco quería salir de la piscina. Así que para evitarse disgustos y estar un poco más tranquilos, además de garantizar una actividad deportiva, mis padres me apuntaron a natación con apenas dos años. Si tanto me gustaba el agua, que al menos me supiese desenvolver en ella, pensaron. Ese fue el principio de todo.

Ya en Madrid iba a clases de natación con mi hermano Jaime todos los días después del cole. Hasta que, a los ocho años, la piscina a la que íbamos cerró y tuvimos que buscar un nuevo club para entrenar. Tras unos meses de prueba en otra piscina, a través de la madre de un chico que nadaba con nosotros, hicimos una prueba en el Club Natación La Latina. Tanto a mi hermano como a mí nos «ficharon» para el club de waterpolo. En cuanto nos pusieron dos porterías y nos tiraron un balón, aún sin haber tocado uno jamás, fue amor a primera vista. Era muchísimo más divertido que nadar. Interactuaba con los compañeros, se marcaban goles... no tenía nada que ver con la natación. Tardé poco tiempo en cambiar las gafas por el balón.

Una vez más, aquel liderazgo del que hablaba anteriormente se trasladó al deporte. Fui el capitán del equipo desde los trece hasta los dieciocho años, en todas las categorías inferiores del club, y más tarde también lo fui en el Canoe, el club en el que jugué profesionalmente, aunque ya llegaremos a ese punto más adelante. Como veis, *a priori,* fui un niño feliz, con una familia que me quería, acomodada, con buenos amigos, aplicado en el colegio y haciendo un deporte que me gustaba y se me daba bien.

Sin embargo, a medida que iba creciendo y descubriendo quién era, fui dándome cuenta de que en el fondo no me gustaba como persona. Y que todo aquello que no quería que los demás viesen de mí tenía que ocultarlo. Al final, en ese proceso, me convertí en alguien que se odiaba por ser quien era. Me refugié en todo lo que hacía para olvidar aquella parte monstruosa de mí, mi homosexualidad, y que los demás viesen esa parte brillante y exitosa que elogiarían. Durante muchos años aprendí a quererme y valorarme basándome en el reconocimiento de los demás. El mío propio no me interesaba ni tampoco me servía. Al fin y al cabo, me consideraba una abominación, alguien enfermo que se merecía todo lo malo que le pasase.

Pero la vergüenza por ser así era tan grande que puse todo mi empeño en ocultarla. Nadie podía verme tal y como era. Todo este debate interno hizo que, a pesar de tener todos los ingredientes para ser un niño feliz, no lo fuera. No tuve que esperar a la pubertad ni a conocerme por dentro para enfrentarme a ello. Otros se encargaron de enseñarme que no podía ser yo, que, si quería sobrevivir, tendría que inventarme otra persona. Y eso es lo que hice. Fingir. Fingir ser otro niño para protegerme de todo lo malo de fuera. Odiarme por dentro, pero no permitir que nadie lo hiciese por fuera.

Y, como os podéis imaginar, así es imposible ser feliz.

Todo empezó con una simple palabra. Una palabra. Pero las palabras tienen un significado y aquella cambió mi vida para siempre. Dejó una herida eterna que aún hoy no ha cicatrizado. Fue el aviso de todo lo que llegaría, o más bien de lo que podría llegar.

«Maricón.» Nunca olvidaré la primera vez que me llamaron «maricón».

Fue en el colegio. Yo tenía ocho años e iba a tercero de primaria. Debía de ser mayo o junio, a pocas semanas del final de las clases. Estaba en el recreo, jugando con unos cochecitos de juguete con unos compañeros, sentado en un árbol. Dos chicos mayores se acercaron a mí. Tendrían, como mucho, un par de años más que yo, pero en mi memoria infantil los recuerdo como auténticos adultos. Se quedaron de pie mirando cómo jugaba y cuando les devolví la mirada, uno de ellos me dijo: «Eres maricón». Lo recuerdo perfectamente. Me quedé inmóvil. No sabía qué decir.

Tampoco sabía lo que significaba aquella palabra. La sola presencia de dos chicos más mayores ya era lo suficientemente intimidante. Mi respuesta fue encogerme de hombros, mirar hacia abajo donde tenía mis cochecitos y esperar a que se fueran.

A pesar de que no tenía ni idea de lo que me acababan de llamar, sí supe por el tono en el que lo dijo que algo bueno no era. Que dos chicos mayores que no conocía de nada se acercaran a mí para decirme algo... no me cuadraba. Y, sobre todo, la forma de decirlo. Ya con ocho años un niño es capaz de diferenciar cuándo se le dice algo con cariño y cuándo no. Y aquello estaba convencido de que no era con buena intención.

Esperé a que se fueran, con la cabeza agachada, la mirada en el suelo y mis cochecitos agarrados fuerte, sin mover un músculo. Cuando vi con el rabillo del ojo que sus zapatos se alejaban de mí, levanté la vista y miré a mis dos amigos. Ambos me estaban mirando. Les pregunté qué significaba la palabra «maricón» y uno contestó entre risas que eso era que me gustaban los chicos.

Ahí descubrí que lo que habían hecho era insultarme. Fue algo parecido a recibir un golpe. Yo me preguntaba qué había dicho o hecho para que esos chicos llegasen a tal conclusión. No lo entendía. Fue la primera vez que tuve consciencia de lo que significaba ser homosexual.

Por aquel entonces y con ocho años no tenía ningún instinto sexual, por supuesto. No lo había desarrollado aún. No me interesaban lo más mínimo ni los chicos ni las chicas. Pero esos dos chicos mayores habían dado por hecho que me gustaban los chicos. Me llamaron maricón incluso antes de que yo mismo supiera que era homosexual. Aquel día no solo comprendí lo que significaba esa palabra que me ha acompañado desde entonces, sino también que serlo se relacionaba con algo malo. Que la gente te podía atacar o insultar por ello.

Sí es cierto que algunos chicos de clase ya tenían novia, aunque a esa edad no había besos ni prácticamente contacto físico. Ni que decir tiene que por supuesto tampoco había sexo. Todo formaba parte de un juego. Ese juego en el que los niños tratan de reproducir los comportamientos de los adultos. Comencé a pensar que quizá me habían llamado maricón por no tener novia, y que, si le pedía salir a una chica, no me lo dirían más. O que, si me lo habían dicho, quizá es que tenían razón y realmente era un maricón. ¿Y si era así? ¿Cómo podía saberlo?

Lo que tuve claro es que, si maricón era un insulto, algo por lo que los demás me podían atacar, tenía que evitarlo. No permitiría que se metieran conmigo. Nunca. Esa palabra me marcó más de lo que podía imaginar y los pensamientos que la acompañaban se quedaron en mí, por lo que a menudo me venían a la cabeza. No dejaba de darle vueltas a por qué me habían dicho algo así. Me intenté convencer de que esos dos chicos me insultaron a mí como podían haber insultado a otro. Buscaba en clase, entre mis compañeros, a alguien que pareciese maricón. Hacía lo mismo en la piscina con el resto de los chicos de mi equipo. Y con niños de otras clases, más pequeños, más mayores, buscaba por los pasillos, en el patio..., algún gesto o señal que me ayudase a identificar a un maricón.

Y lo encontré. Claro que yo no podía saber si aquellos chicos eran homosexuales, pero me estaba rigiendo por su manera de comportarse. Lo que llamamos su expresión de género. Es decir, la apariencia y todo ese conjunto de actitudes con el que manifestamos nuestro género. Aunque esto no tiene por qué ir de la mano con la orientación sexual ni con la identidad de género, mi yo de ocho años no tenía ni idea. Simplemente, buscaba actitudes o gestos que se saliesen de la norma. De lo que yo entendía por «normal».

La manera de actuar o de hablar era algo en lo que nunca había reparado. Pero si me habían llamado maricón, quizá era porque hacía cosas que hacen los maricones; ese fue mi razonamiento. Así que llegué a la conclusión de que tenía que dejar de hacerlo inmediatamente. Mientras tanto, en esta búsqueda me di cuenta de que había chicos que siempre se juntaban con chicas, algunos que no jugaban al fútbol, otros que tenían una apariencia más femenina... y que eran el blanco del mismo insulto: maricón.

Para evitarlo, comencé a hipervigilarme. Me observaba diariamente con detenimiento. Me fijaba en cómo hablaba, cómo me sentaba, cómo me reía, cómo caminaba... Empecé a prestarle atención a este tipo de comportamientos propios para eliminar de raíz cualquier gesto o síntoma que me delatara como un maricón.

Rápidamente fui consciente de que había cosas que no podía hacer o tendría que controlar si no quería entrar en ese grupo y ser señalado como maricón. Por ejemplo, aunque no me gustaba nada jugar al fútbol porque era muy malo, tendría que hacer el esfuerzo; me ponía de portero, para molestar menos. Como tenía varias amigas, tenía que haber siempre otro chico conmigo para juntarme con ellas; nada de ir yo solo con un grupo de chicas. Así me fui autoimponiendo una serie de reglas absurdas que en mi cabeza tenían todo el sentido del mundo, para no despertar más esa sospecha que ya unos chicos mayores habían advertido.

Todo aquel discurso que hasta hacía unas semanas jamás había existido ni formado parte de mis preocupaciones se convirtió en el protagonista indiscutible de mis pensamientos desde entonces. Toda mi vida, tal y como la conocía, desapareció para siempre, pues el nuevo marco mental que había llegado lo hizo para quedarse y aún perdura hasta la actualidad. Para un niño de ocho años afrontar aquello completamente solo, sin herramientas que le ayudasen a gestionar esas emociones, sin información al respecto, sin apoyo de nadie, con miedo y con vergüenza, se hizo muy cuesta arriba. Ese episodio dejó heridas y cicatrices que todavía hoy no han desaparecido.

Las siguientes semanas tuve localizados a los niños que me insultaron en el patio e intenté evitarlos a toda costa con la esperanza de que se hubieran olvidado de mí, o que al menos no me viesen para que no me volviesen a llamar maricón. Solo quedaban unas semanas de clase, y mi yo de ocho años pensaba que a lo mejor el año siguiente se cambiaban de colegio, con suerte, y no tenía que verlos más. Que podía pasar cualquier cosa que solucionaría mi problema. No sé si fue casualidad o que verdaderamente esos chicos se olvidaron de mí, pero no volvieron a acercarse. Por fin, las clases acabaron y por delante tenía lo mejor del año: las vacaciones de verano.

En esos días de juegos y de disfrutar del verano, descubrí, por casualidad, un referente donde menos lo esperaba, en un programa de la tele, *Mamma Mía*, un magazín de corazón en el que iban comentando la actualidad, mientras daban paso a vídeos editados de manera muy graciosa y peculiar. Huelga decir que por aquel entonces la falta de referentes LGTBI era la norma, por lo que aquel descubrimiento fue doblemente impactante, por lo que era y por lo que representaba.

Desde el primer momento en el que vi a uno de los dos presentadores, Víctor Sandoval, ya no pude despegar los ojos de él. Fue la primera persona con pluma que reconocí en un medio de comunicación. Constantemente cantaba y bailaba dando paso a los vídeos, gesticulaba y hablaba de manera muy extravagante... era algo casi hipnótico. Me quedé pasmado durante varios minutos viendo el programa. La verdad es que era entretenido. Si bien lo que captó toda mi atención fue Víctor. Nunca había visto a alguien así. Con ocho años tampoco es que un niño pueda conocer a mucha gente más allá de sus compañeros de clase, del equipo, los padres de estos, los profesores y entrenadores. A esa edad uno piensa que el mundo se reduce a lo que le rodea, lo que ve. Y en ese instante yo estaba viendo algo que rompía los esquemas del mundo que conocía hasta entonces.

Fue como ver a un marciano. Víctor era completamente diferente a todos los hombres que había visto. No hablaba ni se comportaba como el resto. Lo hacía de forma amanerada, femenina. Con lo que comúnmente conocemos como pluma. La fascinación por ver a alguien rompiendo los moldes que tenía establecidos en la cabeza se mezclaba con el sentimiento de repulsa al identificarlo como aquello en lo que no debía convertirme si no quería que se riesen de mí o me hiciesen daño. A través de Víctor comprendí lo que significaba la heteronormatividad. Aún sin tener ni idea del concepto, fui conocedor del significado: actuar y comportarte de manera normativa para encajar.

Até cabos en un segundo. Fue como si todos esos indicios que estuve buscando a mi alrededor durante semanas para identificar qué había provocado que esos chicos mayores me llamaran maricón se concentrasen en una sola persona. Deduje que Víctor Sandoval era maricón y que, para evitar que me llamasen así de nuevo, tendría que hacer todo lo contrario a lo que en ese momento estaba viendo en televisión.

Rápidamente quité los ojos de la pantalla. Ya había recopilado bastante información sobre qué cosas no debía hacer y no quería que nadie me pillase viendo la televisión y también sospechase algo. Como es lógico, ese terrorífico escenario solo estaba en mi cabeza, pero aquel insulto me marcó tanto que sentía que estaba en peligro constante, y que alguien más podía llegar a la misma conclusión que aquellos dos chicos mayores.

También tenía la sensación de que era posible que me hubieran llamado maricón porque ellos habían sido capaces de ver algo en mí que era cierto, incluso antes que yo mismo. En definitiva, ante mí se abrían muchas posibilidades, pero todas estaban controladas por el mismo sentimiento: el miedo. Sin embargo, a pesar de tener esa continua sensación dando vueltas por mi cabeza, también se despertó otra muy diferente. La curiosidad.

Al día siguiente estuve esperando impacientemente a que llegase la tarde. Le dije a mi hermano pequeño que no quería jugar, me metí en el cuarto de estar, cerré la puerta y puse la tele, muy bajita, para que nadie la escuchase. Recuerdo que tenía en el suelo un par de juguetes para fingir que estaba jugando por si alguien entraba de golpe en la habitación; es más, el mando lo tenía cogido con el dedo puesto en el botón de apagar por si acaso. Estaba aterrado y fascinado a partes iguales.

Quizá muchos de vosotros no entendáis por qué tenía esa necesidad de ver el programa. En aquel momento era incapaz de encontrarle una razón. Ahora, con el paso del tiempo y con la información y el conocimiento necesarios, creo que puedo darla.

No es que quisiese ser como Víctor. Tampoco es que estuviese reprimiendo mi expresión de género o que me sintiese identificado..., simplemente sentía curiosidad y admiración por alguien que salía en la televisión mostrándose de esa manera tan genuina. A mí me habían llamado maricón aparentemente sin motivo, y esa palabra había condicionado mi vida por completo. Lo único que buscaba era huir de aquello. Pero Víctor Sandoval estaba orgulloso de ser así. No se ocultaba ni controlaba. Era él mismo. Digamos que se convirtió en lo más parecido a un referente en aquel momento. La única persona que, lejos de mi diminuto mundo, podía ser como yo.

De nuevo, la importancia de tener referentes a ciertas edades cobra todo el sentido y deja en evidencia a una sociedad que necesitaba avanzar por el bien común y, sobre todo, por los más pequeños. Lo que está claro es que la representación LGTBI era escasa en todos los ámbitos, pero aún más en el deporte, motivo por el que ni siquiera hablo de él en estas páginas. Solo la televisión arrojaba algún rayo de luz para todo aquel que no encajara en la «norma».

Unos años más tarde, sería otro personaje televisivo, Boris Izaguirre, el referente homosexual al que agarrarse. Sus apariciones en el programa *Crónicas marcianas* nunca estaban exentas de polémica. Su estilo era muy parecido al de Víctor Sandoval: excéntrico, ruidoso y exagerado. También era habitual verle sin pantalones e incluso sin calzoncillos subido a la mesa. Aquellas dos personas tan alejadas y opuestas a lo que yo era fueron lo más parecido a un referente para mí.

Su papel no era otro más que entretener, divertir al público y a los espectadores, aunque quedaba difuminado cuando la gente se reía de ellos, asumiendo un papel bufónico. Sí recuerdo, al respecto, algún comentario por parte de compañeros de equipo más mayores tildándolo de maricón o incluso utilizando su nombre como insulto. Ese era el efecto que tanto Boris como Víctor despertaban en mi entorno. Rechazo. Desprecio.

Por tanto, era complicado gestionar lo que sentía. Por una parte, no podía coger como referentes a personas con las que no me sentía en absoluto identificado y que además generaban rechazo social, aunque, por otra parte, mostraban sin pudor aquello que quería esconder y, a pesar del rechazo, sentía un vínculo indescriptible con ellos, pues eran las dos únicas personas del universo con las que tenía eso en común. Era una carretera de doble sentido.

Viéndolo con los ojos del presente y desde la madurez, entiendo que, gracias a su visibilidad, fueron referentes para muchas personas en aquel momento. Y que fueron valientes al mostrar quiénes eran y cómo eran, sin miedo, sin importarles el qué dirán, en una sociedad que quizá estaba dando sus primeros pasos en cuanto a la aceptación y normalización en los medios televisivos de las personas LGTBI.

Con esto quiero decir que los referentes LGTBI que en la década de los noventa tuvo mi generación, tristemente, eran utilizados como caricatura. Aquellas personas encajaban y servían a los intereses televisivos porque hacían gracia. Pero en ese *showtime* en el que todo vale por el espectáculo eran utilizados y servían para ridiculizar y reducir a todo un colectivo a unos cuantos gags.

Por tanto, fueron referentes y su visibilidad contribuyó a que personas históricamente disidentes aparecieran en espacios televisivos generalistas que jamás habían ocupado, que pudiesen mostrarse con normalidad en los mismos, y que las personas del colectivo LGTBI comenzásemos a resultar «normales» e incluso simpáticos al público.

Pero el peaje de estos primeros pasos entrando en la vida de los españoles a través de la televisión fue que aquellos que abrieron el camino fuesen clichés que se utilizaron para seguir etiquetando y estigmatizando al colectivo. Por supuesto que tanto Víctor como Boris han ayudado a muchas personas a entenderse, empoderarse y quererse, pero también es cierto que han contribuido a que otras muchas pongan etiquetas a toda una comunidad. Ellos no eligieron ser referentes. Seguramente no es lo que buscaban y únicamente se representaban a ellos mismos, pero llegaron los primeros.

Estos estereotipos asociados a la homosexualidad no hicieron más que ahondar en la herida recién abierta y evidenciar aún más aquel pensamiento defensivo de que debía alejarme de todo lo que se saliese de la norma y protegerme. Sin embargo, lo conseguí a medias. A pesar de mi hipervigilancia y de todos los esfuerzos por esconder mi incipiente homosexualidad, alguna vez en el colegio me volvieron a llamar maricón, aunque ocurría más en mi equipo.

Resulta curioso que esto no pasaba con los compañeros de mi edad, sino con los mayores, los que tenían entre uno y tres años más. Porque desde que empecé a jugar al waterpolo, se me dio muy bien. Tan bien que ni siquiera entré en la categoría que me correspondía, con los chicos de mi edad, sino en una categoría más.

Cuando tienes diez u once años y juegas con chicos de doce y trece, se nota mucho la diferencia, sobre todo, físicamente. No obstante, nunca tuve problemas con mis compañeros de categoría, todo lo contrario; hice un grupo de amigos que aún conservo. No solamente me divertía entrenando y compitiendo, sino que también lo hacía compartiendo tiempo y experiencias. En aquella época, más que compañeros, todos eran amigos y siempre me sentí muy respetado y querido por el equipo.

Pero, como decía, sí era habitual que algunos mayores me llamasen maricón. Entrenábamos y convivíamos con chicos hasta cuatro años mayores. No era el único al que se lo decían, ya que «maricón» y «puta» son las primeras palabras que los niños aprenden para hacer daño a los demás. Seguramente, no se tratase de nada personal o motivado por algo que hubiesen visto en mí, pues al fin y al cabo era muy pequeño, pero al haber recibido ya insultos de ese tipo ya estaba en alerta. Cada «maricón» que escuchaba era como un puñal que se me clavaba.

Aprendí rápido a no dejar que se notase que aquello me afectaba y a responder ante esos ataques. Una de las particularidades que tiene el deporte es que el respeto está construido basándose en la edad, pero también en el nivel deportivo. Por ese motivo, aunque yo era más pequeño, explotaba esa brecha que me otorgaba el ser mejor jugador que la gran mayoría. Sí, se metían conmigo de vez en cuando, pero no tanto como con otros cuyo nivel deportivo era menor.

Inconscientemente, aquello me hizo darme cuenta de algo. Que cuanto mejor se te da algo o más importante eres, más te respetan y, por tanto, menos se meten contigo. Echando la vista atrás ahora soy capaz de comprender que mi mecanismo de defensa, la manera en que me protegí, fue centrándome en ser el mejor en lo que hacía. Si me convertía en el mejor del equipo, quizá los mayores no se meterían más conmigo. Si era el delegado de la clase y sacaba buenas notas, tampoco me insultarían en clase.

Al final, significaba matar dos pájaros de un tiro. Por un lado, garantizar que no tendría que vivir situaciones de discriminación, o al menos las reduciría, y por otro, sentir una admiración externa que internamente no sentía hacia mí. De alguna forma lo que estaba haciendo era buscar mi propio reconocimiento y autocariño en el aplauso de los demás. Aquel aplauso que yo me negaba a mí mismo.

Mi instinto de supervivencia se manifestó a una edad muy temprana. Tanto fue así que tuve que gestionar solo, sin ningún apoyo adulto, todas aquellas emociones que significaban no quererme en absoluto, aun siendo un niño querido por mi entorno, y tratar de esconder aquella parte auténtica para que nadie más que yo fuese consciente de que existía.

Este sentimiento de rechazo personal es muy habitual en todas las personas LGTBI. Es un dolor compartido. Desde la infancia, prácticamente todos, la información (o asistencia de ella) y estímulos que recibimos sobre nuestras identidades tienen connotaciones negativas que hacen que sintamos aversión hacia ellas. Cuando internamente comenzamos a descubrir cuál es nuestra verdadera identidad, se produce un conflicto colosal entre quiénes somos y lo que nos han enseñado. No tenemos que haber escuchado este tipo de cosas en casa o en el colegio. La maquinaria normativa es tan grande y potente que todo lo que escapa a sus categorías es entendido como un agente extraño que debemos señalar y humillar.

Escapar de esta realidad cultural que atraviesa transversalmente todos los ámbitos es casi imposible. Por ese motivo, el dolor de ser quienes somos, por ser quienes somos, es un rasgo común en todas las personas LGTBI. Al menos, durante una parte de nuestras vidas. Y, como es evidente, ese dolor deja cicatrices que tardan mucho en curarse. Algunas incluso nunca lo hacen.

Sin embargo, la tierna infancia de desconocimiento y la pubertad de incipiente descubrimiento comenzaban a dar paso a una nueva realidad. Probablemente una de las etapas más difíciles de la vida, donde si ya de por sí el instinto de supervivencia se activa de manera automática, siendo homosexual iba a necesitar nuevas herramientas, pues las hormonas entraban en acción y cambiaban el escenario y las reglas del juego: llegaba la temida, y esperada a partes iguales, adolescencia.

2

SUPLENTE

Dicen que la adolescencia es una de las etapas más complicadas de la vida. En un brevísimo periodo de tiempo experimentamos notables cambios físicos y psicológicos. Además, no solo cambia nuestro cuerpo, también lo hacen nuestros intereses. La fase de la adolescencia es temida por cada padre y madre no sin motivo, pues el carácter de los adolescentes también suele tornarse complicado, en esta vorágine de cambios en los que dejamos atrás la infancia y entramos en un nuevo escenario.

Comenzamos a hacernos preguntas, a preocuparnos por el futuro y a tener que lidiar con la gestión de nuestras emociones. La burbuja de inocencia en la que vivimos hasta el momento se pincha, y nos vemos obligados a enfrentarnos a un nuevo mundo y a nuevas experiencias desconocidas para nosotros. Las limitaciones que como niños y niñas nos ponían nuestros padres nos oprimen, y en la búsqueda de libertad y espacio propio surgen los primeros síntomas de rebeldía y de incomprensión cuando no nos sentimos autosuficientes. Tenemos la sensación de que nuestros padres son extraterrestres, incapaces de entendernos.

Pero, sin duda alguna, el gran reto al que cualquier adolescente se enfrenta es a la aceptación social. Formar parte de un grupo es indispensable en esta fase de la vida. La aceptación y el rechazo son dos nuevas realidades que aparecen en el tablero de juego y con las que tenemos que convivir. Todos buscamos un alto grado de la primera, y no tener que sufrir la segunda. Asimismo, que tengamos éxito, o no, depende de muchos factores, no obstante, el sentimiento de pertenencia a un grupo se torna vital para nosotros.

Sin apenas herramientas para afrontar todos estos cambios, los adolescentes se enfrentan a muchos retos, y el aprendizaje a través del fallo forma parte del intrincado camino. Sin embargo, la mayoría de las personas LGTBI vivimos dicho camino con un hándicap añadido, el cual resulta bastante más complicado de recorrer que el del resto de los adolescentes. Y es que desde la infancia, cuando exteriorizamos o comenzamos a ser conscientes de nuestra identidad, la construcción social y gran parte de los agentes externos nos enseñan que no está bien ser quienes somos. Por tanto, debemos afrontar el debate interno sobre nuestra identidad sin información o sin ningún tipo de herramientas. En definitiva, para muchos comienza un conflicto personal que nos marca a una edad en la que no estamos preparados. Y, aunque pueda parecer que vivir algo así nos prepare para la adolescencia, es justo lo contrario, ya que precisamente en la adolescencia es cuando ese debate interno sobre quiénes somos se agrava.

Si ya es difícil «sobrevivir» a esta etapa de la vida, siendo LGTBI la tarea se complica exponencialmente. El esfuerzo que hacemos por encajar conlleva que, en muchos casos, ocultemos y reneguemos de nuestra identidad. Todo lo que se aleja de los estándares de normatividad, lo que es entendido como «normal», es un objetivo al que señalar y que nos aleja de la pretendida aceptación social. Por lo que visibilizarse como adolescente abiertamente gay, o lesbiana, o trans, es por desgracia un acto suicida socialmente hablando.

La mayor parte de las veces ni siquiera hace falta comunicarlo, sino que nuestro comportamiento, nuestras aficiones o nuestra manera de vestir son toda una declaración de nuestra verdadera identidad. Así, por ejemplo, si una chica decide llevar el pelo corto, o un chico saltar a la comba en el recreo en lugar de jugar al fútbol, o elegir cierto tipo de vestimenta o colores, ya se considera un acto «político» que rompe la norma y nos etiqueta.

Y en este tema hablo con conocimiento de causa porque es justamente todo de lo que yo traté de alejarme para eludir que me colocasen esa etiqueta. Hacía años que la palabra maricón me acompañaba. No es que me lo dijesen todos los días o que la gente pensase que era homosexual. Pero sí de vez en cuando y con eso ya era más que suficiente. Desde la primera vez que pasó, puse todo mi empeño en no exteriorizar nada que pudiese hacer que los demás viesen lo mismo que esos chicos habían visto, fuera lo que fuese, para insultarme.

Conforme fui creciendo, mi orientación del deseo se fue desarrollando, y poco a poco me fui dando cuenta de que me sentía atraído por los chicos. Cuando un chico heterosexual cumple los doce/trece años y se empieza a interesar por las chicas, lo vive de una manera natural. Sí, efectivamente se trata de una nueva etapa de su vida, pero se podría decir que todo a su alrededor lo había ido preparando para ese momento.

Y es que existe una fuerte presión o empuje social que nos marca el camino de nuestra identidad sexual desde que nacemos. El imaginario colectivo tiende a «heterosexualizar» todo, sin preguntar o dejar margen alguno. Así pues, desde muy pequeños nos preguntan si tenemos novia, nos dicen qué colores son de chico y cuáles de chica, qué deportes son para niños y cuáles para niñas, con qué juguetes podemos jugar y con cuáles no, vemos personajes, romances y besos heterosexuales en series y películas... Como vemos, todo está construido para que cuando lleguemos a esa pubertad y comencemos a tener nuestros primeros deseos, nuestro subconsciente lo sepa procesar correctamente. Al fin y al cabo, es para lo que nos han educado.

¿Qué ocurre con la pubertad LGTBI? Pues que lo que sentimos entra en conflicto con lo que sabemos, con lo que nos han enseñado. Cortocircuitamos. Somos incapaces de procesar qué nos está ocurriendo. Durante toda nuestra vida nos han orientado hacia un camino, y puede que sintamos que ese no es para nosotros, pero tampoco conocemos ningún otro. Si a eso le sumamos que la información que tenemos sobre lo que significa ser una persona homosexual, o trans, o tener cualquier tipo de identidad que se salga de la heteronormatividad es percibida como algo negativo, no nos queda alternativa, así que comenzamos a andar ese camino que nos llevan marcando desde que nacemos, desconcertados, por inercia.

Dicho momento me llegó en torno a esa edad, los doce/trece años. Recuerdo que estaba en 1.º de la ESO y los chicos de clase ya empezaban a hablar de las chicas, de los cuerpos que tenían unas y otras, de pedirle salir a alguna... Ya no hablaban de ellas como amigas o compañeras, sino como objetos de deseo. Tanto fue así que había más de uno que tenía novia e incluso se había besado con ella. Por supuesto que ese interés no lo compartíamos todos los chicos, ya que algunos estaban inmersos en pleno proceso de desarrollo físico, y otros, como yo, éramos más niños.

En un primer momento, y para autoconvencerme, quise relacionar mi absoluta falta de interés por las chicas a que aún no me había desarrollado. Algunos de mis compañeros ya tenían un físico más adulto y sus intereses iban acordes a sus cuerpos. No era mi caso. Sin embargo, un día uno de los repetidores de clase reunió a un grupito y nos dijo que fuéramos al baño con él. Le acompañamos cinco o seis. Tras cerrar la puerta, sacó de la mochila una revista pornográfica. La emoción y entusiasmo de mis compañeros fue total. En una época en la que no había acceso a páginas web de ningún tipo, ni tampoco desde los teléfonos móviles, se trataba de la primera vez que veía desnudos integrales sin censura. Y cuál fue mi «sorpresa» al darme cuenta de que no me estaba fijando en ellas, sino en ellos, en los modelos o actores que aparecían en algunas páginas. Obnubilado por lo que estaba viendo, hice un comentario al respecto totalmente inocente. A lo que el dueño de la revista me dio un corte respondiéndome que lo que tenía que hacer era fijarme en las chicas y no en los chicos.

Fue un *shock*. Me quedé sin palabras. ¿Cómo había podido ser tan idiota? Estaba tan absorto en lo que estaba viendo que había bajado mi nivel de alerta. Las inseguridades volvieron a tomar el control de mi mente. ¿Por qué no me estaba fijando en lo mismo que todos los demás? ¿Después de haber dicho eso sospecharían de mí? Tenía que hacer algo para reconducir la situación, así que, tras ese jarro de agua fría, los siguientes minutos y hasta que terminamos de hojear la revista, hice comentarios sobre las mujeres. Me metí en el papel para evitar que me colocasen una etiqueta.

Esa vez «salvé» la situación, pero por dentro estaba devastado. Acababa de comprobar de una manera fehaciente que lo que me llamaba la atención no era lo mismo que a los demás. Durante los siguientes días fui incapaz de quitarme de la cabeza aquellas imágenes tan impactantes y, sobre todo, lo que habían provocado en mí. ¿Qué podía hacer? Hablarlo con alguien no era una opción. En todo el curso había dos chicos a los que todo el mundo llamaba maricones. Eran más afeminados, tenían pluma, aunque ellos nunca se habían pronunciado al respecto. Más de una vez pensé en hacerme su amigo y compartir con ellos mis inquietudes, pero luego me daba miedo que también me empezasen a insultar. Discriminación por asociación. Si te haces amigo del maricón, es que tú también lo eres.

Hoy lo veo con perspectiva y lamento haber sido tan cobarde; tendría que haberme acercado a ellos para crear un vínculo. Uno que yo necesitaba desesperadamente. Aunque eso lo sé ahora. Habría sido fantástico poder hablar con naturalidad y normalidad, como el resto de mis compañeros heterosexuales, sobre mis deseos e intereses. Pero mi vida social era buena, era el delegado de clase, tenía amigos y nadie se metía conmigo (no a diario). Por eso temía que acercarme a ellos, que probablemente estarían pasando por lo mismo que yo, supusiese perder la tranquilidad y normalidad de la que disfrutaba para, de golpe y porrazo, empezar a pasarlo mal. Fue un mecanismo de defensa. Supervivencia pura y dura. Así que seguí colocando piezas a esa armadura invisible que me protegía del daño exterior. Seguí construyendo ese personaje e interpretando aquel papel.

Ese papel que, sin saberlo, me acompañaría durante muchos años, comenzó a tener cada vez más protagonismo en mi vida. Tanto en clase como en el equipo, la mayoría de las conversaciones estaban relacionadas con las chicas, por lo que no tenía otra opción. Tanto me metí en el papel que durante un tiempo llegué incluso a creérmelo. Me mimeticé con los gustos e intereses de los demás. Simplemente tenía que ser como ellos; hasta le pedí salir a una chica de clase para darle más credibilidad. En mi ingenuidad, pensaba que quizá el tener novia me haría olvidarme de mis deseos. Que me curaría.

Y es que había escuchado que la homosexualidad era una enfermedad que tenía cura. Pensé que quizá era eso. Estaba enfermo y necesitaba tratamiento. Esta «información» no me llegó por ciencia infusa, sino a través de otro programa del corazón, *Salsa rosa*. Sin embargo, esta vez no encontré un referente en la televisión, sino todo lo contrario. Estaban entrevistando a un psicólogo, Aquilino Polaino. En la entrevista, el mal llamado psicólogo decía que podía curar la homosexualidad, que con sus terapias era posible cambiar de vida. Recuerdo, hoy con cierta tristeza, que puse toda mi atención en aquellas palabras. Lo viví como una pequeña luz al final del túnel; de verdad pensé que lo que me pasaba tenía arreglo, así que corrí hacia mi habitación, apunté su nombre en un papel y lo escondí. Lo hice porque no quería olvidarme de su nombre cuando decidiese dar ese paso, siendo más mayor. De nuevo, sé que situaciones como estas no serán ajenas para muchos y, a su vez, serán más que conocidas para otros. A fin de cuentas, no es casualidad que la mayoría de las personas LGTBI compartamos este tipo de vivencias.

Ojalá pudiese decir que desde entonces las cosas han cambiado mucho, pero la verdad es que no es cierto. La homosexualidad fue considerada una enfermedad por la OMS (Organización Mundial de la Salud) hasta 1990, cuando se despatologizó. Evidentemente, nunca ha sido una enfermedad, aunque fuera considerada como tal, y hace ya muchos años que la comunidad científica llegó a un consenso y la eliminó de su lista de enfermedades. No obstante, sigue habiendo médicos y psicólogos que tratan la homosexualidad como una enfermedad que se puede curar; las terapias de conversión son las terribles y aberrantes prácticas que usan para ello.

Ninguna de estas atrocidades ha demostrado ser eficaz ni cambiar la orientación o la identidad sexual, aunque sí han destrozado miles de vidas. Tenemos conocimiento de sesiones realizadas por instituciones religiosas en las que se usan medicamentos y se incluyen oraciones para «reconducir» la identidad, pero también de otras prácticas extremas en las que se inyecta al paciente altas cantidades de adrenalina con el fin de provocar un miedo desmedido mientras se proyectan imágenes de contenido homoerótico; u otras en las que reducen la producción de hormonas para mermar la libido mediante inyecciones intramusculares. Hablamos de castración química. El maltrato físico, la privación de la libertad e incluso las violaciones grupales son algunas de las caras del horror que suponen las terapias de conversión.

En España estas prácticas están prohibidas por ley en algunas comunidades autónomas, pero no en todas. Además, en muchos casos ni siquiera la ley evita que se produzcan; esto es debido a la pena con multas irrisorias o a denuncias que acaban cogiendo polvo en un cajón, como ha pasado en la Comunidad de Madrid. Esta realidad pone de manifiesto la necesidad de una ley estatal que prohíba expresamente este tipo de prácticas y que incorpore sanciones a la altura de las atrocidades que se cometen. Y, por supuesto, la retirada del título profesional del practicante, ya sea médico, psiquiátrico o psicológico.

Volviendo al tal Aquilino Polaino, yo presencié en 2003 cómo defendía en *prime time* que podía curar la homosexualidad, alegando que era una enfermedad. Y le creí. Lo peor de todo es que desde aquel momento me convencí de que estaba enfermo. Deshacerme del desprecio que me tenía a mí mismo y expulsar la idea de que era un enfermo me llevó años, y, evidentemente, todas estas experiencias y emociones vividas durante tanto tiempo dejaron heridas y cicatrices que aún trato de cerrar. ¿Os imagináis haber visto con trece años en la tele a alguien diciendo que sois unos enfermos por el mero hecho de existir, por ser como sois? ¿Qué hubiese generado esa información en vuestra cabeza? Gestionar todo aquello a esa edad, sin herramientas y con la única información de gente como Aquilino Polaino, os puedo asegurar que es totalmente traumático. Nadie puede quererse en una situación así; es imposible.

Con la idea bien enraizada en mi cabeza de que tenía cura, establecí un plan: mi propia terapia de conversión. Esperaría hasta tener unos años más para poder acudir a aquel hombre y ponerme en sus manos, pero de momento podía ir entrenando. De esta manera, comencé a rechazar y reprimir cualquier tipo de estímulo homosexual. Ya fuese visual, de atracción personal hacia algún compañero, e incluso en mi privacidad. Con aquella edad empecé a vivir la fase en la que uno descubre su cuerpo, los placeres sexuales y lo maravilloso que es fantasear y experimentar, lo cual para mí se convertía muchas veces en un suplicio, pues me obligaba a fantasear con mujeres. No me permitía tener en la cabeza imágenes de hombres. Naturalmente, casi nunca lo conseguía, ya que por mucho que lo intentase reprimir, el deseo era más poderoso que mi mente. Después llegaba el arrepentimiento. La culpa. La vergüenza por ser así. Me despreciaba profundamente.

En una sociedad en la que hablar de educación sexual es algo tabú, sentirte un enfermo por tus deseos es la guinda del pastel. En el colegio de monjas nunca vinieron a darnos ninguna charla sobre educación sexual. En el caso de que lo hubiesen hecho, ¿hablarían de métodos anticonceptivos? ¿De relaciones «antinaturales»? Claro que no. Son temas que van en contra de los mandatos religiosos. Sin embargo, es vital que esto empiece a hacerse en los colegios. Hablar de las enfermedades de transmisión sexual, del alto riesgo de embarazo juvenil, de las relaciones homosexuales... ¿Por qué? Pues porque en la edad en la que empezamos a descubrirnos necesitamos información. En primer lugar, para comprender que no estamos enfermos, sino que somos personas absolutamente normales. Y después para saber gestionar nuestras emociones, nuestros deseos; hacerlo teniendo conocimiento y seguridad. Muchos padres tampoco afrontan estas charlas con sus hijos. Siendo conscientes de esta realidad, ¿cuál es la educación sexual que recibimos? La que nos cuentan nuestros amigos o compañeros y el porno. Es terrible.

Si una palabra es capaz de definir mi adolescencia, es represión. La que debía de ser una etapa en la que uno comienza a conocerse a sí mismo y a dar los primeros pasos de su vida como persona independiente, para mí fue el máximo exponente de la vergüenza y el rechazo. Únicamente era yo de verdad cuando estaba a solas conmigo mismo. El resto del tiempo era otra persona. La que se suponía que debía ser. Con sinceridad, nadie debería experimentar jamás ni un ápice del autorrechazo que muchas de las personas LGTBI hemos vivido y sufrido en algún momento de nuestras vidas. Si pudiera hablar con el Víctor de trece años, sin duda, es una de las primeras cosas que le diría.

Lo que cuento a continuación es algo que pertenece al ámbito más privado y sagrado que tengo, mi familia. Sin embargo, como decía páginas atrás, creo que para que todas las piezas del puzle encajen en su sitio es necesario que comparta ciertas partes de mi vida que siempre estuvieron reservadas para mi círculo más cercano. Y es que sigo pensando que, si alguna de mis vivencias puede servirle de ayuda a alguien, de la forma que sea, todo esto habrá merecido la pena; estoy convencido de ello. Así, por si mi debate interno no fuera ya la suficiente carga para un adolescente, en un corto periodo de tiempo se sucedieron una serie de desgracias en mi vida. Mi padre enfermó de cáncer de páncreas. Era bastante joven, solo tenía cuarenta y seis años. Después de varios meses con dolores muy intensos, y tras varias visitas al médico en las que no supieron detectar qué le pasaba, se hizo un chequeo más a fondo y le confirmaron la noticia. Mi padre siempre había sido un tipo muy grande, medía 1,86 m de altura y pesaba unos cien kilos. Por ello, el tratamiento de quimioterapia, además de la pérdida del pelo, le hizo bajar frenéticamente de peso y verlo así fue algo a lo que jamás me acostumbré. Ese cambio fue muy impactante para todos por el físico imponente que siempre había tenido; por eso y porque la figura paterna siempre se asocia a lo indestructible.

Si bien en unos meses necesitó la silla de ruedas y se volvió una persona dependiente. Mi madre siempre estuvo a su lado cuidándole. Durante un tiempo vivió una leve mejora, pudo dejar la silla de ruedas e incluso cogió algo de peso, pero volvió a enfermar y alternó varios ingresos hospitalarios. Mi hermano y yo nos quedamos bajo el cuidado de mi abuela, ya que mi madre siempre estaba en el hospital con él. Fueron meses muy duros. La tristeza era el sentimiento predominante en nuestras vidas. Por mi parte, no descuidé los estudios, aunque sí tuve un importante bajón en las notas, y mi carácter se agrió. No solo estaba lidiando con ese desprecio interno que me devoraba, también con la enfermedad de mi padre. Llegué a pensar que todo lo que estaba pasando era un castigo divino por ser como era.

Llegaron las Navidades y mi padre pudo pasarlas en casa, con nosotros, pero no podía salir de la cama. La medicación que tomaba era tan fuerte que estaba todo el día dormido, y cuando despertaba no sabía dónde estaba ni podía mantener una conversación. La enfermedad había avanzado mucho. Los chequeos habían determinado que tenía metástasis con cordón linfático y cáncer de huesos. Años después mi madre nos explicó que el nivel de dolor al que estuvo sometido fue altísimo, hasta el punto de que el jefe de la unidad de dolor del hospital llegó a calificar su nivel de dolor en un 10/10.

Probablemente uno de los recuerdos más tristes de mi vida sea el de esa Nochevieja. Estábamos acostumbrados a tener la casa llena de gente y a la felicidad de la reunión familiar. Ese año nos tomamos las uvas en la habitación de mi padre, al que incorporamos para vivir las doce campanadas con nosotros. No era consciente de nada. Le dimos un beso y le volvimos a acostar. A los pocos días, antes de Reyes, vinieron en ambulancia y se lo llevaron al hospital.

Mi madre nos dijo que nos despidiéramos de él. Que le abrazásemos y le besásemos mucho. Se lo llevaban para darle cuidados paliativos. No íbamos a volver a verle. Jamás olvidaré la imagen del enfermero llevándose a mi padre en silla de ruedas por el pasillo. Totalmente consumido, ocupando muy poquito espacio. El mismo pasillo por el cual años atrás apenas cabía y del que tantas veces se había quejado él lo abandonó con 47 kilos. A los pocos días murió. Tenía cuarenta y siete años.

Definitivamente, la vida no te prepara para los golpes. Llegan y los tienes que asumir. Hay que lidiar con ellos. Mi padre nos enseñó a luchar hasta el último momento. A ser optimistas y valientes. Se fue pensando que se iba a recuperar. Lo intentó hasta el final. Y la actitud de mi madre nos salvó. Nos sirvió de referente. Ella sabía que había perdido a su marido, pero que sus hijos habían perdido a su padre. La fortaleza que sacó fue inhumana. Nunca la vimos flaquear. Quiso que después de aquel duro golpe tuviésemos una vida normal. Se esforzó por sacarnos adelante y, sobre todo, porque fuésemos felices. Mamá, misión cumplida.

Si hay alguien a quien tengo que agradecerle ser el hombre que soy hoy es a mi madre. En una edad tan complicada, con catorce años, en la que lo que todo lo que nos sucede nos marca y afecta, y en la que se puede empezar a tomar malas decisiones, no permitió que aquel duro golpe nos hundiese. Ella lo contuvo, nos contuvo. Y verla luchando con uñas y dientes por nosotros nos hizo seguir su ejemplo.

Aunque no hay comparación posible, la muerte de mi padre vino acompañada de una gran decepción deportiva: no me admitieron en el Centro de Alto Rendimiento Deportivo (de ahora en adelante, IMDER). Mi mayor ilusión era ser becado y pasar a entrenar y estudiar en un centro junto a los mejores de Madrid en mi deporte, así como en otras disciplinas. ¿Os imagináis cómo me sentía después de ver que se me había roto un sueño, de que mi padre falleciese y de sentir un autorrechazo tan tremendo por ser quien era? Pues esa fue mi adolescencia.

Sin embargo, el impulso de mi madre me devolvió la ilusión. No quise dejar de entrenar, sino ser el mejor. No quise dejar de estudiar, sino sacar las mejores notas. Había que levantarse. Y esto es algo que he hecho toda mi vida. Caerme y levantarme.

Caerme y levantarme. Una y otra vez. Sin parar. Mi vida continuó discurriendo con la más absoluta de las «normalidades». Si bien internamente la situación era distinta, lo que yo exteriorizaba no lo era. Poco a poco fui ganando confianza a través de esa persona ficticia que interpretaba y empujado por la determinación de no bajar jamás los brazos.

Los últimos meses y todas las alegrías deportivas que había vivido (de las que hablaré en el siguiente capítulo) hicieron que ganase mucha confianza en mí mismo. Ese aplauso a través del deporte se estaba convirtiendo en un aplauso que, por primera vez en mucho tiempo, yo también me daba. Había peleado por estar ahí, contra todo pronóstico y cuando nadie creía en mí, lo había conseguido. Y esa seguridad adquirida me hizo quererme un poquito más. Comencé el camino de desprenderme de ese autorrechazo que me llevaba acompañando desde los ocho años. Muy lentamente, y de manera interna, fui desprendiéndome de las piezas de la armadura que había construido y forjado impenetrablemente para esconder mi verdadera identidad. Los últimos acontecimientos trágicos de mi vida, así como la capacidad de salir adelante y alcanzar el éxito en el deporte, esa fortaleza que me demostré a mí mismo al no bajar los brazos cuando todo apuntaba a que era lo más sencillo, me estaban haciendo sentirme orgulloso de la persona que era. Y cuando uno está orgulloso de sí mismo, empieza a abrazar incluso las partes que menos le gustan. Empecé a verlas con otros ojos. Empecé a entenderme y quererme, y con los primeros síntomas de una madurez que me llegó a marchas forzadas por la muerte de mi padre, empecé a pensar que quizá ser homosexual no era tan terrible. Quizá. Un rayo de esperanza.

En ese aspecto, no solo la confianza en mí mismo que el deporte me estaba dando ayudó, también la irrupción de nuevos referentes LGTBI, además de la entrada de un nuevo marco legal y social en la sociedad española que me hicieron ver con otros ojos lo que significaba ser homosexual. Tuvimos que esperar varios años para tener nuevos referentes alejados de los manidos estereotipos, y generacionalmente más cercanos a nosotros. Una vez más, hablo de la visibilidad en la televisión; por aquel entonces los referentes en otros ámbitos, deportivos, políticos, sociales, seguían brillando por su ausencia. Así, de los pocos personajes LGTBI que pudimos ver en la década de los 2000, me quedo con el que más me marcó positivamente: Fer, de la serie *Física o química*, emitida en España entre 2008 y 2011. No miento si digo que Fer fue no solo mi referente, sino el de toda una generación de personas LGTBI.

Aunque a paso lento, el contexto social había avanzado bastante en esos años. Se había aprobado la ley de matrimonio igualitario en 2005 en España, lo cual nos convirtió en el tercer país del mundo en hacerlo. Se aprobó también la adopción homoparental, siendo el primer país del mundo en tener esa legislación, y fuimos pioneros en retirar la obligatoriedad de las intervenciones quirúrgicas en personas trans para su cambio registral de sexo. Sí, hasta 2007 se obligaba a las personas trans a someterse a una resignación de sexo genital para que fuesen consideradas hombre o mujer. Terrible. Por tanto, España se había convertido en un referente mundial respecto al avance de los derechos LGTBI.

Una vez puesta en contexto la época que narro, debo señalar que cuando se estrenó la serie yo tenía dieciséis/diecisiete años; estaba en plena adolescencia. Fer era un chico homosexual que iba al instituto, igual que yo. También, al principio, vivía con miedo su identidad y también trató de esconderla. Su personaje sufría insultos por ello. Para seguir con las semejanzas, se enamoró de un compañero al que no sabía si decírselo o no. Y podría seguir con una larga lista de similitudes que me acercarían a ese personaje. Como dije, creo que me sentí tan identificado con Fer como toda mi generación. Por fin nos sentíamos correctamente reflejados, sin caer en estereotipos ni clichés, con una trama propia elaborada desde el respeto y la responsabilidad. Aquella serie y aquel personaje ayudaron a millones de familias a ver con otros ojos la homosexualidad. Y digo millones porque no solo sirvió a personas LGTBI, también a heterosexuales. A madres y padres, hermanos y hermanas de personas LGTBI, e incluso a personas sin ningún vínculo, pero que conocieron a través de la serie la historia humana de un chaval de diecisiete años que podría ser cualquiera de nosotros.

Mucha gente habla en tono despectivo sobre la aparición de personajes LGTBI en contenidos audiovisuales. «Ahora tiene que haber una cuota de todo. Una mujer, un negro, un gay...» Y yo me pregunto, ¿cuál es el problema? Este tipo de diversidad en los personajes ha estado infrarrepresentado en series y cine. Sin duda, ya iba siendo hora de que las personas que nunca han tenido referentes o personajes con los que sentirse identificados se sientan representados. Es más, cuando vamos por la calle y miramos a nuestro alrededor, ¿qué es lo que vemos? ¿Vemos únicamente hombres y mujeres blancos y heterosexuales? No. Vemos personas latinoamericanas, negras, personas con discapacidad, personas LGTBI... A fin de cuentas, las series y el cine deben recoger la diversidad de la sociedad y reflejarla. Claro que tiene que haber personajes, historias, romances y besos LGTBI. Y hay una sola razón: porque estos existen en la calle.

En contraposición, este año (2022, fecha de publicación del libro que tienes en las manos) se abrió un debate a nivel mundial sobre este tema con motivo del estreno de la película de Pixar *Lightyear*, basada en el juguete de la aclamada saga *Toy Story*. La polémica vino cuando la compañía de animación incluyó en una escena un beso lésbico de uno de los personajes. Disney pidió retirarlo, pero las protestas internas de los trabajadores debido a la tibieza de Disney con las políticas antiLGTBI de Florida hicieron recular a la empresa, que finalmente mantuvo el beso. Catorce países censuraron la película ante la negativa de Disney de retirar ese beso. En 2022.

Y esto no es una queja, es que siempre ocurre lo mismo. Constantemente vemos contenido heterosexual, historias, personajes y romances, escenas de sexo explícito, y no pasa nada; está «bien». Pero cuando se incorpora la diversidad, hay voces que dicen que se trata de adoctrinamiento. La doble vara de medir estas cosas es enorme. Y es un claro ejemplo de cómo se trata de invisibilizar la diversidad afectivo sexual y relegarla a la intimidad. Allí donde nadie lo vea.

A pesar de la ausencia de referentes LGTBI en mi infancia y adolescencia, la identidad propia es tan poderosa que es como un torrente. Incontrolable. No importa cuántas restricciones o medidas represivas le pongamos, que al final siempre acaba saliendo a flote. Eso mismo es lo que me pasó a mí en los siguientes años, con el empujón necesario de la autoestima y confianza en mí mismo, y con la inestimable ayuda de una España que había avanzado décadas en solo unos pocos años, situando a nuestro país como un referente en la lucha por los derechos y libertades del colectivo LGTBI, y con una legislación pionera a nivel mundial. Dejábamos de ser ciudadanos de segunda, y la igualdad comenzaba a llegar para millones de personas, lo cual suponía un nuevo capítulo en la historia de España. Y de muchísimas personas.

Al igual que estaba ocurriendo en la sociedad española, yo también experimentaría cambios, y a mejor, pues se iniciaba un nuevo capítulo en mi vida. A principios de septiembre, mi madre me dejó en la puerta de la piscina, en el IMDER, y antes de bajarme del coche me dijo algo que se me quedó grabado: «Víctor, estás donde siempre has querido. Has luchado mucho para estar aquí. Ahora, disfruta, pero ve a por ello». Así que le hice caso. Con la mayor de las sonrisas y un gran nerviosismo, salí del coche para comenzar una etapa que jamás olvidaré, esa en la que di los primeros pasos para visibilizarme y mostrar, por fin, mi auténtico yo.

3

GOL

Existen momentos en la vida en los que se produce un cambio de guion. Momentos en los que el camino que parecíamos tener marcado se tuerce o, mejor dicho, el destino nos reorienta. Sin esperarlo, sucede algo que nos trae nuevas esperanzas, retos e ilusiones. A los problemas existenciales propios de la adolescencia había que sumarles mis circunstancias de aquel entonces, esto es, la muerte de mi padre, la pérdida de la ilusión deportiva y la crisis identitaria a la que me estaba enfrentando en silencio, las cuales habían hecho mella en mí.

Sin embargo, los últimos acontecimientos deportivos que me reencontraron con las ganas de competir, la convocatoria con la selección española de categorías inferiores y la entrada en el IMDER hicieron de chaleco salvavidas en aquel momento vital, y cambiaron no solo mi rumbo en el plano del deporte, sino también en el aspecto personal. Me insuflaron un nuevo aire y dieron la vuelta a mi forma de ser, haciéndome ganar confianza y seguridad en mí mismo, e iniciar el camino hacia la aceptación.

Este punto de inflexión llegó en el curso 2006/2007, cuando tenía dieciséis años. Estaba en 4.º de la ESO y, aunque tenía claro que iba a estudiar el bachillerato de humanidades, no sabía muy bien dónde. El colegio en el que había estado desde los tres años terminaba en ese curso y tenía que buscar un nuevo instituto.

A pesar de llevar toda la vida con la mayoría de mis compañeros, tampoco es que tuviese un grupo de amigos como tal en el colegio. A esa edad, ellos quedaban algunas tardes después de salir de clase, especialmente los viernes y los sábados por la tarde, que era cuando yo entrenaba y competía. Por tanto, nunca pudimos hacer planes juntos. Eso hizo que entre ellos se fuesen estrechando unos lazos propios de la edad que conmigo no se desarrollaron.

Aunque en varias ocasiones llegué a pensar que hacer deporte no merecía la pena, porque no tenía vida, no había nada que me gustase más en el mundo que el waterpolo. Era donde salía a flote mi verdadero yo, mi verdadera personalidad. Era donde me sentía respetado y querido por mis compañeros de equipo, y temido por mis rivales. Esa sensación solo la tenía dentro del agua. De hecho, cuando estaba en clase y miraba a mi alrededor, sentía un poco de pena por el resto de mis compañeros. Pena porque sabía que ellos jamás iban a sentir ni vivir la satisfacción que producía el deporte de competición. Me daba la sensación de que tenía una vida llena frente a la de ellos, que estaba vacía.

En cambio, ese vínculo especial lo tenía con mis compañeros de equipo. Por aquel entonces yo no era capaz de verlo, porque tenía muy diferenciada mi vida deportiva de mi vida académica, pero mis auténticos amigos eran mis compañeros de equipo. Era con los que compartía esas emociones el fin de semana; las alegrías de las victorias, las tristezas de las derrotas, los viajes para jugar campeonatos, las cenas juntos después de los partidos... A grandes rasgos, así fueron los comienzos de mi vida social como adolescente y la relación con los que estaban en mi entorno, lo cual marcaría el camino del adulto que soy ahora.

El caso es que viví mi primera crisis existencial. La salida del colegio en el que había estado toda la vida era inminente y en mis manos estaba decidir qué rumbo tomaba. Sabía que ante mí se abrían dos caminos. Al terminar la ESO, podría buscar un nuevo instituto para estudiar bachillerato, donde conocería a gente nueva y llevaría una vida corriente. Nada cambiaría; seguiría entrenando por las tardes con mi equipo y disfrutaría del waterpolo hasta que los estudios me lo permitiesen. O podía tomar el otro camino, el «difícil». El de escoger una vida más emocionante, una que solo unos pocos pueden y quieren vivir; la del alto rendimiento. Entrenar cinco o seis horas diarias, viajar y competir por todo el mundo, pelear por entrar en la selección, convertirme en un profesional y, por supuesto, compaginarlo con los estudios. Mi corazón latía con fuerza cuando imaginaba esa vida. Sentía una mezcla de emoción y de miedo ante lo desconocido, lo normal cuando ante nosotros se abre un nuevo camino por el cual estamos a punto de abandonar la zona de confort. Y, sobre todo, sentía mucha impaciencia por empezar a andarlo.

Por una parte, me emocionaba salir de esa zona de confort y llegar a un nuevo lugar. Sentía que con dieciséis años necesitaba conocer gente y poder empezar de 0 sin que nadie me conociese a mí. Por otra, me daba miedo no encajar, lo que me hacía dudar si era mejor opción probar suerte en el instituto que eligiese alguno de los pocos amigos que ya tenía. Principalmente, para no estar solo y evitar esos primeros días tan complicados en los que llegas a un sitio y no conoces a nadie. Aún más teniendo en cuenta las inseguridades que se tienen cuando eres adolescente.

Sin embargo, el destino me dio una valiosa lección; una que se ha repetido más veces a lo largo de los años y que se ha convertido en una máxima en mi vida. En un lema que me acompaña y que me guía. Y es que los puntos se conectan. La frase original «*Connecting the dots*» la usó Steve Jobs en un discurso que realizó en la Universidad de Stanford. Si tienes la oportunidad, merece la pena que lo busques en YouTube, porque es absolutamente inspirador. *Grosso modo*, viene a decir que todo en la vida ocurre por un motivo. Desde el presente no podemos darle sentido al porqué de las cosas. Es mirando hacia atrás y con la perspectiva del futuro que finalmente damos sentido a esos sucesos. Es así como logramos entender por qué ocurrieron o no ocurrieron esas cosas en nuestra vida. No podemos conectar los puntos mirando hacia delante, sino que los conectamos echando la vista atrás. Esta reflexión se cumplió por primera vez en ese momento. Por aquel entonces aún no conocía el discurso de Steve Jobs ni me acompañaba su frase; mi frase, porque también la siento mía. Pero ahora sí puedo asegurar que los puntos se conectaron en mi vida.

Así, cuando a mitad de aquella temporada comenzaron a convocarme para unos entrenamientos semanales con la selección de Madrid, me di cuenta de que el 90 por ciento de los jugadores del equipo estaban becados en el IMDER (Instituto Madrileño para el

Deporte Esparcimiento y Recreación), es decir, que entrenaban por las mañanas y por las tardes, e iban a un colegio de deportistas para que pudiesen continuar su formación académica. Este tipo de centros permitía a los deportistas de todas las disciplinas incrementar el volumen y calidad de sus entrenamientos sin descuidar la parte educativa. Antiguamente los deportistas se veían obligados a elegir desde una edad muy temprana entre estudiar o hacer deporte. La alta competición era incompatible con continuar estudiando porque los horarios de entrenamiento y los viajes coincidían con el horario escolar. Por eso la gran mayoría de los deportistas que competían en los 70, 80, 90 y hasta los 2000, al finalizar sus carreras deportivas, no solo no tenían formación universitaria, sino que ni siquiera tenían la ESO. No había ningún tipo de facilidad para ellos. Era el colegio o el deporte. Por suerte, esta dinámica cambió con la creación de estos centros, como el IMDER, que permitía a los deportistas compaginar el alto nivel deportivo con su formación académica.

Y es que dos años antes me presenté a las pruebas de acceso de este centro de alto rendimiento para que me becasen, pero no fui seleccionado. En aquel momento no entendí por qué. Fue una grandísima decepción sentir que tenía potencial, calidad y capacidades para estar y que no las vieran en mí, lo cual me hizo perder la ilusión en cuanto a lo deportivo al menos un par de años. Hasta que me convocaron para los entrenamientos con la selección de Madrid. Allí era el único jugador que no estaba becado y que no entrenaba una media de cinco o seis horas diarias, sin embargo, mostraba un alto nivel. Tanto fue así que uno de los entrenadores, tras varios meses acudiendo a entrenar con ellos frente a la selección catalana, me preguntó el motivo por el que no estaba en el Centro de Alto Rendimiento. Cuando le conté que había presentado la solicitud, y que no me habían seleccionado, quiso saber si me gustaría entrar, pero en ese momento no sabía qué hacer con mi vida.

Como comenté anteriormente, por aquel entonces estaba inmerso en plena búsqueda de un instituto donde estudiar, ya que mi etapa en el colegio llegaba a su fin (este solo ofertaba hasta secundaria). Un camino que, parecía, se me había cerrado por completo años atrás, de repente se abría ante mí. Aunque lo que más me gustaba en el mundo era el waterpolo, después de no haber ingresado en el IMDER hacía dos años, de algún modo, había cerrado la puerta del deporte. No estar en ese centro hacía prácticamente imposible dedicarse al waterpolo de manera profesional o continuar practicándolo a un nivel alto.

Pese a que aún era muy joven, estar o no estar en un centro de esas características determinaba por completo tu carrera deportiva. Yo ya me había hecho a la idea de que mi camino debía discurrir por otro lugar, hasta que llegó una propuesta que me cautivó; esa que había estado esperando durante tanto tiempo. El seleccionador nacional se acercó a hablar conmigo en privado y me dijo que veía en mí mucho potencial, que tenía que estar en el IMDER.

Volví a casa emocionado por haber causado tan buena impresión y lo comenté con mi madre. Entrar en el IMDER suponía volver a colocar el deporte en el centro de mi vida. Entrenaría por la mañana, algo que nunca había hecho, a continuación iría al colegio y después volvería a entrenar. Era un reto gigante.

En ese aspecto, mi madre siempre había sido muy buena consejera y me recomendó que me fuera a mi habitación y que, con tranquilidad, cerrara los ojos y pensara cómo iba a ser mi vida si elegía un camino y cómo sería si elegía el otro. Después, que reflexionara sobre cuál de las dos vidas me haría más feliz y sobre cómo me veía a mí mismo en ese futuro escenario. Y eso hice. Me imaginé mi día a día levantándome para ir al instituto, en un lugar diferente con gente nueva, pero haciendo lo de siempre. Levantarme, ir a clase, volver a casa, ir a entrenar... Ya conocía ese camino y sabía adónde llevaba.

Y luego me imaginé cómo sería mi día a día en el IMDER. Tendría que levantarme a las 7 de la mañana para ir a entrenar y entrar en el agua a las 8 h. Entrenar hasta las 9.30 h, cambiarme rápido para ir al gimnasio y hacer pesas con el grupo hasta las 10.30 h. Ducharme y cambiarme otra vez para coger el autocar a las 11 h que nos llevaba al instituto donde estudiábamos con el resto de los deportistas. Las clases empezaban a las 11.30 h y acababan a las 17 h con un parón de algo más de una hora para comer. Luego me iría a casa a estudiar, y a las 20 h entrenaría otra vez, esta vez con mi equipo, hasta las 22.30 h de la noche. Volvería a casa, cenaría y descansaría para afrontar otro día.

Esa era la vida que llevaría, en un lugar diferente, con gente diferente... Y otra vez aquella sensación de vitalidad, de sentirme lleno, de ilusión, se apoderó de mí. Lo tenía claro. Quería entrar en el IMDER. Por si fuera poco, a aquellas semanas tan importantes e ilusionantes se le unió que me convocaron para la selección española Sub-16. Era la primera convocatoria que se hacía para los jugadores de esa generación, y yo estaba entre los elegidos. Era el único de los jugadores que no estaba en un Centro de Alto Rendimiento. El único que no entrenaba doble sesión. Pero allí estaba.

A lo largo de esa concentración hice migas con un compañero que jugaba en la misma posición que yo. También era de Madrid y se llamaba Jaime. A pesar de que nos relacionábamos con todos, prácticamente éramos uña y carne, hasta tal punto de que el resto de los compañeros nos hacían muchas bromas al respecto. Cada vez que alguno hablaba conmigo y se refería a Jaime, lo hacía como «tu novio». Con él hacían exactamente lo mismo para referirse a mí. También ocurría que cuando entrábamos juntos al comedor alguno gritaba «¡vivan los novios!». En ese momento yo me lo tomaba con humor. De hecho, hasta me hacía gracia. A él también. Más allá de las preguntas sobre si éramos novios o ese tipo de chascarrillos, no me sentí insultado ni escuché ninguna palabra malsonante o fuera de tono. En este caso, yo no sentía absolutamente nada romántico por Jaime. Simplemente conecté mucho con él y, al estar en un grupo de gente nueva, nos apoyamos el uno en el otro, pero no me atraía ni tenía ningún sentimiento hacia él que no fuera de amistad.

Uno de los días que volvíamos de entrenar en el autobús, y después de escuchar alguna broma al respecto, le pregunté si eso le molestaba. Su respuesta me dejó perplejo. Me dijo que no le molestaba porque no era gay, aunque sí que los demás pensaran que era «un puto mariconazo». Cuando intenté suavizar la conversación con un «tampoco pasaría nada si lo fueras», me di cuenta de que no había nada que hacer, pues las frases «están puto enfermos, les gustan todos» y «me dan asco» (refiriéndose a los gais) dejaron clara la imposibilidad de un diálogo cordial y sano. Cuán chocante fue comprobar que la persona más homófoba que había en el grupo de compañeros con el que compartía la selección era mi amigo. A mí me atraían los chicos, pero no me gustaban todos. ¿Por qué iba a ser yo un enfermo? No iba a dejar que ese sentimiento me hiciese más daño.

Durante varios días pensé que bajo ningún concepto Jaime podía enterarse de que me atraían los chicos. Ni él ni nadie. En cualquier caso, hablar de ello con alguien no era una opción. Nunca lo había sido. Hasta ese momento solo había conocido a chicos gais que eran muy amanerados o tenían pluma, por lo que recibían mucho acoso, insultos y actitudes denigrantes. Mientras tanto, yo llevaba años observándome para no parecerme en absoluto a ellos y evitar que a mí me ocurriese lo mismo. Es cierto que ese trato de normalidad a través de las bromas me había hecho sentirme hasta cómodo, pero aquella conversación fue una bofetada de realidad. Yo no podía ser ese tipo de persona. No estaba preparado.

En cuanto al camino deportivo, esa primera experiencia con un equipo nacional no hizo sino reforzar el pensamiento de que había tomado la decisión correcta y que quería llevar esa vida. Viajar representando a mi país en el extranjero, vestir la ropa de la selección, conocer a jugadores de otros equipos, de otros países...

Así, los entrenamientos comenzaron tan rápido como acabó el verano y, aunque estaba muy emocionado, no dejaba de enfrentarme a otra situación que un adolescente detesta: entrar en un círculo nuevo. Si bien entablé una buena amistad con Jaime durante la semana que coincidimos en la selección, él decidió estudiar otro bachillerato y no íbamos a coincidir en clase. Además, aquella conversación, aunque no me hizo dar un paso hacia delante en cuanto a afrontar quién era, sí me había hecho dar un paso hacia atrás en cuanto a relacionarme con él.

Conocía a todos los de waterpolo porque llevaba años coincidiendo con ellos en las piscinas, pero no al resto. Por suerte, mis compis de waterpolo se portaron estupendamente y me recibieron con los brazos abiertos. Me pusieron muy fácil integrarme en su grupo. Por suerte, también coincidíamos en clase, por lo que en pocas semanas me sentí como si llevase con ellos años. Y es que esa es una de las maravillas del deporte, que es capaz de acelerar las emociones. Cuando compartes horas y horas de entrenamiento con el mismo grupo de gente se fortalecen los vínculos con ellos. Porque el desarrollo de esas relaciones no solo incentiva el volumen de horas, sino también el sufrimiento conjunto los días que hay que sufrir en el agua, las alegrías vividas y, por supuesto, las experiencias en diferentes lugares. Compartíamos aula, piscina, duchas, vestuarios, viajes... Por tanto, no fue de extrañar que en poco tiempo formara parte de ellos como uno más.

En este viaje al pasado, podría enumerar a todas las personas con las que compartí miles de emociones, pero son muchísimas; no obstante, tengo que destacar a dos que son importantísimas para la historia de mi vida. El primero de ellos es Diego. Ya le conocía de competir contra él a los doce o trece años, jugaba de portero y era muy bueno. Actualmente sigue siendo mi mejor amigo y ha estado a mi lado desde entonces hasta el día de hoy. Y lo estará hasta el día en que me muera. Desde los trece años hemos coincidido en prácticamente toda nuestra carrera deportiva. Ha sido compañero de clase, de selección, de equipo... Y tiene especial relevancia no solo por lo que me demuestra cada día, sino porque fue la primera persona a la que le conté que me gustaban los chicos.

El segundo fue Andrés, otro de mis compañeros, aunque por distintos motivos que Diego, ya que me enamoré de él. Hasta ese momento, nunca había llegado a sentir algo por un chico. De hecho, me había dedicado a reprimir en lo más profundo de mi ser cualquier atisbo de esa realidad. Llegó un punto en el que incluso me autoconvencí de que quizá estaba equivocado y que solo se trataba de una fase. Pero cuando apareció este chico en mi vida, me di cuenta de que hay realidades que por mucho que trates de esconder, de callar o invisibilizar, son más fuertes que tus intenciones. Y, como era de esperar, todo aquello que durante tanto tiempo intenté ahogar salió a flote como un torrente.

Andrés también iba a mi clase. Por casualidad, el primer día me senté a su lado, y desde entonces siempre nos sentamos juntos. A los pocos días de ir conociéndolo y compartir tantas horas, me fui dando cuenta de que sentía algo por él. Automáticamente, mi primera reacción fue intentar poner algo de tierra de por medio y centrarme en abrirme y conocer a otros compañeros, pero era inevitable. Con dieciséis años es totalmente discutible el concepto de amor que tenemos, pero cuando te levantas ilusionado pensando en alguien, quieres estar cerca de esa persona y te acuestas pensando también en él, creo que no hay mucha duda de que lo que sentía era real. Durante mucho tiempo me había alejado lo máximo posible de una situación así por miedo al rechazo, pero el nivel de cuelgue que tenía me hizo perder parte de ese miedo. Como no quería exponerme tanto, ideé un plan: convertirme en el más ligón con las chicas para no levantar sospechas y poder acercarme de manera cariñosa a Andrés sin riesgo a que nadie se plantease si me gustaban los chicos. Hoy sé que este es un mecanismo de defensa muy habitual en las personas LGTBI. Elaborar esa tapadera para proyectar una imagen completamente opuesta a lo que uno es. Al final, es una manifestación más del miedo que sentía en ese momento a verme expuesto sin sentir que estaba preparado. Y así fue.

Durante aquel primer año de bachillerato, experimenté un crecimiento espectacular a todos los niveles. Me esforzaba muchísimo entrenando y rápidamente gané masa muscular, velocidad, agilidad... me desarrollé mucho físicamente al pasar de entrenar dos horas diarias a hacerlo cinco o seis y rodeado de los mejores. Esa mejora física y deportiva me hizo ganar una mayor confianza en mí mismo. Lo que sirvió como puente para meterme de lleno en el papel que había creado en mi cabeza. Motivado por esa nueva autoestima, al poco tiempo comencé a tontear y a salir con muchas chicas, y por supuesto a alardear de ello. Todo con tal de poder estar cerca de Andrés y mostrar una actitud cariñosa mediante caricias, abrazos... sin levantar sospechas. Estaba convencido de que Andrés no era homosexual ni tampoco bisexual, pero sí creía que podría llegar a sentir algo por mí, valorando la manera en que yo le trataba. Como anécdota, años más tarde, cuando ya estaba en la universidad, un antiguo profesor del IMDER con el que coincidí un día en Chueca me dijo que, desde su visión de adulto, siempre pensó que acabaría pasando algo entre Andrés y yo.

Con esto intento decir que todas aquellas muestras de cariño eran bien recibidas por su parte. Y, claro, que fuesen correspondidas no hacía otra cosa que acrecentar mis sentimientos hacia él. Éramos inseparables, tanto dentro como fuera de la piscina. Sin embargo, aunque por primera vez en mi vida esa clase de atracción por un chico se había vuelto romántica, algo en mi interior se negaba a abrazar por completo esa realidad. Si bien era imposible negar que me sentía atraído por un chico, en mi cabeza aún paseaban los pensamientos de que podía ser una etapa o que quizá era bisexual. Mi subconsciente peleaba con fuerza y me negaba a aceptar que en ninguna de las opciones estaban incluidas las mujeres.

De nuevo, decidido a no abandonar mi heterosexualidad y siguiendo el plan de ser el más ligón de todos, me propuse empezar a salir con una de las chicas más guapas de todo el IMDER. Se llamaba Alba y era dos años más pequeña que yo. Hacía natación sincronizada y, casualidades de la vida, había sido la anterior novia de Andrés. Comencé a tontear con ella y a las pocas semanas me contaron que estaba pillada por mí. Así que lo vi claro. Nunca había tenido novia y salir con la chica más guapa del IMDER era todo un triunfo. Por supuesto en aquel momento era incapaz de ver lo sumamente absurdo, machista y superficial de esa decisión. Efectivamente, estaba tratando a una chica como a un trofeo. Solo me importaba el qué dirán, la opinión que los demás iban a tener sobre mí cuando se enterasen de que estaba saliendo con ella. Eso y que me sirviese como tapadera para poder seguir acercándome a Andrés.

Antes de pedirle salir a Alba, hablé con Andrés. Como amigo mío y exnovio de ella lo último que quería era tener un conflicto con él. En cuanto me dijo que sí, me di cuenta de que tener novia solo para «posturear» no era lo que había pensado. Estar con una persona significa que te apetezca pasar tiempo con ella. Lo que sucedía es que yo ya tenía una persona con la que me apetecía pasar tiempo, y no era ella. Mis «obligaciones» como novio pasaban por sentarme con ella en el autobús, sacar tiempo los fines de semana para estar juntos... Y todo ese tiempo que tenía que pasar con ella eran momentos que se me escapaban para estar con Andrés. Con esta idea constantemente en la cabeza, estar con Alba se volvió una obligación para mí.

Por supuesto, la relación no funcionó. Hoy en día Alba no forma parte de mi vida, aunque tenemos muchísimos amigos en común. Nunca he tenido una conversación con ella sobre este tema, pero le debo una disculpa y una explicación. La utilicé como un medio para crear una imagen ficticia sobre mí. Fui egoísta al no pensar en los sentimientos de ella, y solo en mi interés y mi beneficio personal. Aunque con dieciséis años todos sufrimos locamente por amor, yo la hice sufrir de manera innecesaria. Lo que sí me gustaría es que se comprendiera que ese sufrimiento era compartido. Sí, fui el culpable de aquella situación, pero yo también sufrí y por algo que nunca debería haber pasado: no poder vivir mi verdadera identidad.

Una vez escuché que a las personas LGTBI nos roban la infancia y la adolescencia. Y estoy de acuerdo. He luchado y trabajado para tomar las riendas de mi vida y empoderarme siendo quien soy. Pese a tener una infancia y adolescencia felices, no han sido normales, al menos, no como las del resto de mis compañeros y compañeras heterosexuales. Porque yo no pude hablar con mis amigos de que me gustaba un chico u otro, como sí hablaban ellos de las chicas que les gustaban. Tampoco pude pedirle salir a ningún chico con catorce, quince o dieciséis años. Todo aquello lo tuve que vivir en mi interior. Y tuve que vivirlo solo, sin compartirlo con nadie.

Por eso yo también estaba sufriendo. Estaba sufriendo porque, al fin y al cabo, estaba siendo la persona que me obligué a ser en ese momento, la persona que debía ser, no quien verdaderamente era. Cuando alguien sufre, es habitual que arrastre en su espiral de sufrimiento a quienes le rodean. En ocasiones, es premeditado, pero existen otras en las que hacemos partícipe de nuestro sufrimiento al resto. Mi intención nunca fue la de hacer sufrir a nadie, si bien en mitad de una situación totalmente desconocida y que suponía una crisis existencial para mí, con la carga extra de sentir culpabilidad por el mero hecho de ser homosexual, hoy reconozco que solo pensé en mí.

Retomando el tema de Andrés y mi enamoramiento unidireccional, cuando apenas quedaban unos meses para el final de mi primer año en el IMDER, comenzó a hablarme de una chica que le gustaba. Recibí aquella noticia como un jarro de agua fría. Nuestra relación era cada vez más estrecha, había más confianza entre nosotros y yo veía (o quería ver, cosas que pasan cuando uno está enamorado, que muchas veces creer ver señales donde no las hay) que él era más cariñoso y juguetón conmigo. Al poco tiempo de su confesión, comenzaron a salir y a mí se me caía el alma a los pies cada vez que los veía juntos. Sentía que, de alguna manera, me había desplazado y alguien estaba ocupando el lugar por el que yo llevaba tanto tiempo luchando. Rápidamente salió a flote mi discurso interno: «¿Ves? Eso te pasa por pillarte de un chico», «Si te hubieras protegido esto no te hubiese pasado», «Nunca tendrías que haber tratado a Andrés como alguien especial. No lo es. Es un amigo más». Y es que es muy habitual culpabilizarnos de algo cuando las cosas no salen bien. Incluso de algo tan sencillo como no gustarle a alguien. El problema es que el sentimiento de culpa iba más allá del que podríamos calificar como normal. Dentro de esa culpabilidad, había mucha parte de «te lo mereces». Te lo mereces por sentirte atraído por un chico. Y mucha parte de «eso jamás te hubiese pasado con una chica». Una vez más, la homofobia interiorizada haciendo su trabajo y señalando directamente a mi verdadera identidad como causante de mis problemas y mi dolor.

Así, la tarde en que fue oficial que estaban juntos llegué a casa y me encerré en mi habitación. Me puse a llorar desconsoladamente, con ese dolor en el pecho tan reconocible por todos los que alguna vez hemos sufrido por amor. Por primera vez en mi vida, estaba exteriorizando esos sentimientos. Desde que tuve instinto sexual y noción de lo que me atraía, jamás lo había compartido con nadie. Me aterraba la idea de hablarlo con alguien y su posible reacción. Siempre había llevado esa «carga» en solitario. Pero nunca antes había tenido tan claro que lo que sentía era un vínculo más allá del sexual, era afectivo y emocional.

Por eso esa tarde me rompí y exterioricé todo lo que sentía. Pero lo hice solo. Sin apoyarme en nadie, sin compartir ese dolor con ningún amigo o familiar, como lo hubiese hecho cualquier chico o chica de mi edad. Me hubiese encantado escuchar algún consejo, alguna palabra de cariño, de apoyo, incluso otro punto de vista, pero tuve que conformarme con sacar todo ese dolor en la soledad de mi habitación. Simplemente no podía permitir que nadie lo supiese. Esta situación fue otro claro ejemplo de aquella adolescencia robada que comentaba en páginas anteriores.

Mientras que la relación entre Andrés y su novia iba viento en popa, la mía ficticia hacía aguas. El camino que tomé fue drástico. Como en mi imaginario aquello había pasado por culpa de exponerme y permitir que los sentimientos por un chico saliesen adelante, es decir, me había pasado por maricón, decidí que lo que tenía que hacer era ser era todo lo contrario. No dejar títere con cabeza en cuanto a las chicas. Con diecisiete años y siendo virgen, llegué a la (errónea) conclusión de que quizá perder la virginidad con una chica me confirmaría definitivamente que la atracción por los chicos no era más que una etapa. A pesar de no haber terminado aún la relación con Alba, estuve tonteando con varias chicas buscando a una que quisiera acostarse conmigo. Por supuesto, no fue la idea más inteligente, por lo que Alba no tardó en enterarse y en dejarme. Intenté darle explicaciones, a cuál más absurda. Cuando terminamos la conversación, me sentí aliviado, fue como quitarme un peso de encima. No porque Alba fuese aburrida o no me gustase, todo lo contrario. Ella era una chica muy inteligente, divertida, preciosa..., pero sencillamente por mucho que tratase de mantener aquel personaje, estar con ella no era lo que deseaba. Ni con ella ni con ninguna otra chica. Por eso supuso la ruptura una liberación. Ahora pienso que quizá con ese comportamiento tan imprudente acaso, de manera inconsciente, lo que estaba buscando era que me dejase. Que fuese ella quien tomase la decisión y diese ese paso. Digamos que así sentía que me quitaba la responsabilidad que yo mismo me había impuesto de no estar con una chica. De esa manera no tener novia no era mi culpa.

Al final, mi estrategia funcionó, pero a medias. Conseguí estar con muchas chicas y seguir labrándome aquella imagen de ligón, aunque no llegué a tener relaciones con ninguna. Terminaron la temporada y el curso académico y llegó el verano junto a las convocatorias de la selección española Sub-17. Andrés, Diego y yo habíamos sido los madrileños elegidos para componer la selección. Eso significaba que iba a estar con Andrés prácticamente todo el verano, porque los campeonatos con la selección siempre eran en esa época. Aquel año teníamos europeo en Belgrado. Aparte de la fantástica experiencia personal y deportiva que disfruté al máximo, estuve pasando mucho más tiempo con Andrés del habitual, con el que también dormía. Compartir no solo horas de piscina, sino también de convivencia fuera de ella durante todo el verano, hicieron reaflorar esos sentimientos que meses atrás intenté enterrar. Y lo hicieron más fuerte que nunca.

Tras jugar el europeo en Belgrado, volví a casa y recibí una maravillosa noticia: me habían convocado para la selección Sub-19, con jugadores dos años mayores que yo. Fue un premio a todo mi trabajo y crecimiento deportivo de aquella temporada. Diego también fue convocado, así que, aunque no conocía prácticamente a ninguno de los mayores, tener a un amigo cerca lo haría todo más sencillo. Además, pese a que ya éramos íntimos amigos, ese verano nos unió muchísimo. Preparando el europeo que se disputaría en Estambul, una noche días antes de partir hacia Turquía, estaba con Diego charlando antes de dormir. Hablando de todo, llegó un punto en la conversación en la que salió el tema de si me gustaba alguien. Diego siempre había sido un buen amigo y aquel verano me estaba demostrando que era una persona que merecía la pena.

Algo en mi interior me dijo que era el momento de quitarme la careta. No aguantaba más. Desde aquel primer insulto con ocho años, siempre había estado en alerta para no levantar sospechas sobre mis inclinaciones. Había estudiado cuidadosamente mi manera de hablar, de caminar, de correr, de reír... todo para que no hubiese ni una sola duda sobre mi orientación sexual. Me había pasado años echando más y más carga a la mochila, pero ya pesaba demasiado. No podía seguir cargando con ella. Además, ni siquiera era un niño. Los últimos meses me habían demostrado que algo en mi interior quería salir a flote, gritar, y ya no tenía fuerzas para seguir luchando contra ese torrente que amenazaba con explotar. Necesitaba dejarlo salir y vaciar esa mochila. Quitarme aquella máscara que había llevado toda mi vida. No aguantaba más. Necesitaba compartir con alguien mis pensamientos, mi verdadero yo. Aquel que solo mi mente conocía.

Todos mis miedos parecieron esfumarse durante unos minutos. Aquellas voces que me decían que exteriorizar mi sentir solo iba a traerme problemas, que se me cerrarían las puertas de la amistad, que truncaría mi carrera deportiva, que solo iba a encontrar rechazo y humillaciones, al igual que les había pasado a los demás chicos como yo; lo había visto tantas veces... Pues bien, todas aquellas voces por primera vez se silenciaron, como si estuviesen cediendo ante una poderosa fuerza. Era la fuerza de la supervivencia. De aquel yo encadenado y encerrado durante tanto tiempo. Jamás olvidaré una de las conversaciones que marcó mi vida y sin duda la más importante hasta ese momento. Le dije a Diego que yo no era como él pensaba, ni era lo que veía; que, en realidad, era otra persona, pero me daba miedo mostrarme tal cual era. Ante estas palabras, mi amigo no entendió nada, así que continué sin esperar respuesta: «Creo que me gustan los chicos». Ya está. Lo dije. En voz alta. A otra persona. De repente todas las voces que durante ese eterno minuto se habían silenciado volvieron. El miedo se apoderó de mí. No sabía cuál iba a ser la reacción de Diego. Es cierto que le conocía desde hacía tiempo y que siempre habíamos tenido una excelente relación, nos llevábamos de maravilla. Era un íntimo amigo, pero después de soltarle a un chico de diecisiete años con el que compartes selección, habitación, entrenamientos diarios y aula, sin saber al cien por cien si su reacción va a ser positiva, lo normal era estar como estaba yo: aterrado.

Incluso sabiendo que una reacción negativa por su parte podía significar que se lo tomase mal y se lo contase al resto de los compañeros de selección, que aquello podría suponer insultos, burlas diarias y que, por tanto, esa situación me pudiese empujar a dejar lo que más amaba, el deporte, la necesidad de ser yo, sin filtros, por primera vez en mis diecisiete años de vida fue más poderosa que el miedo a perder todo lo que tenía. Necesitaba ser yo mismo al menos con una persona en el planeta y dejar de sentirme solo. Porque tenía buenos amigos, una familia que me quería y me apoyaba, sacaba buenas notas, podía hacer lo que más me gustaba, que era el waterpolo, y además con éxito, pero en el fondo era un completo infeliz. Y lo era porque me faltaba lo más básico. Ser yo. Ninguna de esas cosas podría llegar a completar lo más importante, el sentirme cómodo en mi propia piel. El sentirme orgulloso de ser quien era.

Por supuesto que este era solo un escenario que había en mi cabeza y quizá jamás hubiese ocurrido de ese modo, pero el simple hecho de imaginarlo no es algo casual. Cuando esas ideas aparecen en nuestra mente es porque conocemos casos parecidos reales que sí han ocurrido. No nos parecen descabelladas porque cosas así suceden todos los días en todas las partes del mundo.

Nervioso por todo lo que acaba de contar y en lo que esto podría desembocar, miraba a Diego buscando alguna respuesta en sus gestos. Si bien todo lo que encontré fue una cara de sorpresa con las cejas levantadas y la boca en una mueca de haber escuchado algo que no se esperaba. No obstante, él debió de ver en mis ojos esa incertidumbre y ese miedo de no saber qué iba a pasar. Su respuesta no pudo ser mejor. Aparte de un «Estoy flipando», me dijo que no entendía cuál era el problema, pues yo seguía siendo la misma persona para él, su amigo. Definitivamente, estoy convencido de que esa respuesta ha tenido mucho que ver en la persona que soy hoy en día y en todos los pasos posteriores que he dado.

Las lágrimas comenzaron a salir de mis ojos y Diego se acercó a mí, me cogió la mano y me dijo que me quería. Es imposible no emocionarme de nuevo al recordar aquella conversación. Significó un antes y un después en mi vida. Estuvimos horas hablando de ello. De cuándo me había dado cuenta, de cómo lo había gestionado, de cosas sobre los maricones que yo había tenido que escuchar... También le conté lo de Andrés y hablamos sobre mis sensaciones. Fue absolutamente liberador. Lo que había deseado poder hacer por fin se cumplió. En ese momento entendí que no era tan importante escuchar otra opinión o recibir un consejo, sino solo desahogarse. Compartir mis pensamientos con alguien más. Encontrar una mano tendida y por fin poder hacer lo mismo que el resto de los chicos de mi edad. Ver cómo otra persona sentía interés por saber más sobre el chico que me gustaba, ver cómo se reía con mis relatos o cómo se emocionaba conmigo. Aquella noche cambió mi vida.

Que no quepa duda de que salir del armario o visibilizarse es un acto de valentía. Sentarte con tus padres y decirles que eres gay es un acto de valentía. Quedar con tus amigos para contarles que no eres un chico, sino una chica, es un acto total de valentía. Decirles a tus compañeras de equipo que eres lesbiana también lo es. Las personas LGTBI, llegado un punto de nuestras vidas, tenemos que dar ese paso. Y es un paso que asusta mucho porque ponemos en riesgo todo lo que somos. Pero lo peor es que muchas veces no sabemos qué nos vamos a encontrar después. Enfrentarse a lo desconocido abriéndonos en canal es una clara demostración de lo poderosas y fuertes que somos las personas LGTBI. Eso nos prepara para casi todo lo demás en la vida, aunque a veces no nos demos cuenta.

Por eso es tan importante esa primera vez en la que nos sinceramos con alguien y hablamos de quien verdaderamente somos. Porque en ese instante somos personas muy vulnerables. Estamos rompiendo una armadura que llevamos puesta toda nuestra vida; lo cual no es fácil. Lo hacemos porque, como me pasó a mí, esa armadura pesa, es incómoda y aprieta, y llega un momento en el que necesitamos desprendernos de ella. Es una cuestión de supervivencia.

En esa primera vez, es de vital importancia la respuesta que recibamos. Obtener un *feedback* tan positivo me hizo comenzar a desprenderme de más piezas de esa armadura y dejar salir a mi verdadero yo. Me dio confianza y autoestima. Me hizo saber que no estaba solo y que a mi lado había gente que me iba a querer. Que me iban a respetar y que me iban a tratar como a un igual. Esa respuesta positiva hace que quieras continuar dando pasos.

Ahora bien, encontrarse con una reacción negativa provoca el efecto contrario. Con independencia de si el peor escenario que imaginé previo a mi conversación se hubiese cumplido o no, una reacción negativa por parte de Diego me hubiese hecho llegar el mensaje de que no se puede confiar en nadie. Que estas cosas es mejor llevarlas a solas y en silencio y que, si quería tener el cariño y amistad de los demás, desde luego no lo podría tener siendo quien era. Por supuesto que es una lectura totalmente errónea, pero cuando nos enfrentamos a algo así siendo tan vulnerables es muy probable que saquemos conclusiones precipitadas y equivocadas. Y lo peor es que esas conclusiones nos marcan. No hacen sino reafirmar las voces internas que nos dicen que eso nos pasa por maricones. Dan crédito a los insultos y humillaciones que hemos presenciado. Le dan alas a esa fuerza interna que lucha por reprimir nuestra identidad. Por eso es tan importante encontrarse con una reacción positiva. Porque ese momento crítico y trascendental de una persona LGTBI le va a marcar. Quizá no de por vida porque nuestro auténtico yo acaba saliendo, pese a todas las trabas que le pongamos, pero sí retrasa mucho esa aceptación y ese entendimiento de que no hay nada malo en nosotros.

Si alguna vez tienes la suerte de que una persona confíe en ti para sincerarse, abrirte su corazón y explicarte quién es de verdad, por favor, no cometas el error (a veces consciente, otras muchas inconsciente) de llevarte las manos a la cabeza, ni de acribillar con preguntas incómodas, ni de hablar de etapas o fases, ni mucho menos seas tan poco humano como para culpabilizar o despreciar a alguien por ser como es. Muestra empatía y entiende que esa persona confía en ti, que probablemente se encuentre en uno de los momentos más importantes de su vida. Y tú tienes la llave para hacer que esa persona sepa que no está sola. Tienes la llave que hará que esa persona inicie el largo camino de aceptarse y quererse tal y como es. Y ese poder conlleva una gran responsabilidad.

Puedes convertirte en uno de esos padres que dicen que van a llevar a su hijo a una terapia de conversión para «curarle» la homosexualidad y al final no hacen otra cosa que destruir su vida; o ser uno de esos amigos que se lo cuentan al resto y consiguen que esa persona pierda la confianza, sufra y se encierre aún más en sí misma; o uno de esos compañeros de trabajo o de equipo que se dedican a bromear en una sola dirección, riéndose del más vulnerable. O puedes ser como Diego: la persona que por primera vez en mi vida me vio con los mismos ojos con los que yo me miraba al espejo, que cogió mi mano, me dijo «te quiero» y me abrazó, en el sentido más amplio de la palabra. Gracias a él empecé a andar sin esa pesada armadura. No sé qué pensarás tú, yo creo que no hay color. O sí. Muchos.

4

EXCLUSIÓN

No cabe duda de que España es un país absolutamente pionero en la lucha por los derechos y libertades del colectivo LGTBI. Lo es a nivel legislativo, con medidas contra la discriminación por motivo de orientación sexual e identidad de género vanguardistas, y lo es a nivel social, con uno de los mayores índices de aceptación del colectivo LGTBI de todo el mundo.

En 2005, el gobierno del presidente José Luis Rodríguez Zapatero aprobó el matrimonio igualitario. Fue la conquista histórica de un derecho que la comunidad LGTBI llevaba décadas reclamando. Atrás quedaron los dolorosos años en los que las personas LGTBI éramos consideradas ciudadanos de segunda. Años en los que las parejas del mismo sexo tenían que afrontar situaciones tan dramáticas como no poder estar con su pareja durante los últimos días en el hospital al carecer de cualquier vínculo legal, o que el miembro de la pareja que no fuese progenitor del hijo en común no tuviera derechos sobre este si la relación terminaba o el progenitor legal fallecía. Miles de familias y de personas sacudidas por el dolor al no disponer de una serie de derechos reconocidos que dificultaban enormemente la vida, y situaban claramente a las personas del colectivo LGTBI en un escalón inferior al resto de los ciudadanos.

A lo largo de la década de los noventa, algunas comunidades aprobaron legislaciones que permitían a las parejas homosexuales registrar su unión y, por tanto, beneficiarse de aquellas ventajas como cualquier otra pareja.

Tras ello llegó la Ley 13/2005, más conocida como la Ley del matrimonio igualitario, por la cual se otorgaba a las parejas homosexuales los mismos derechos que a las heterosexuales y, además de casarse, podían adoptar conjuntamente, heredar y tener una pensión. Esta ley también permitía a las personas trans cambiar legalmente su nombre en el registro civil sin necesidad de una cirugía previa, como antes se requería.

Así pues, España fue el tercer país del mundo en aprobar el matrimonio igualitario, y el primero en permitir la adopción a parejas homosexuales. Todo un hito. Los avances en todos los ámbitos profesionales y laborales no han dejado de sucederse desde 2005. Incluso tenemos numerosos referentes LGTBI en la música, el cine y la televisión, la política, la abogacía..., pero ¿y en el deporte?

Mientras que la visibilidad del colectivo en todos los sectores cada vez es mayor, en el mundo del deporte nos encontramos con que esta visibilidad brilla por su ausencia. Podemos contar prácticamente con los dedos de una mano los deportistas que hemos decidido romper esa barrera y salir públicamente del armario.

Si bien esta es una dinámica habitual para las personas LGTBI de todo el mundo, no solo en el deporte, sino en la mayoría de los ámbitos, tanto las medidas legislativas como la opinión pública podrían hacernos pensar que, en España, la situación en el deporte debería o podría ser diferente al resto de países.

Nada más lejos de la realidad. Si hay un ambiente que no ha evolucionado nada en los últimos cuarenta años es el del deporte. Tal es el caso que el gran ejemplo de los comportamientos LGTBIfóbicos en los espacios y recintos deportivos lo encontramos en el fútbol, el deporte rey en España.

A lo largo de la década de los ochenta y principios de los noventa, tanto en el Real Madrid como en la selección española de fútbol, jugó el madrileño Miguel González, conocido como Míchel. Durante un partido frente al Valladolid, en mitad de su carrera deportiva, Míchel, para desconcentrar a un rival en un córner, hizo un tocamiento leve en sus partes íntimas al jugador colombiano del Valladolid Carlos Alberto Valderrama.

Las cámaras capturaron aquel momento y la imagen dio la vuelta al mundo. Lo que fue una cuestionable artimaña de despiste para debilitar a un contrario durante una competición se convirtió en un lastre que Míchel tuvo que arrastrar el resto de su carrera.

En cualquier estadio español, sin excepción, se escuchaba el cántico «Míchel, Míchel, Míchel, maricón». No había fin de semana en el que el jugador del Madrid no fuese insultado por miles de personas a lo largo y ancho de la geografía española. Domingo tras domingo.

Más de treinta años después, ya acabada su carrera como futbolista, Míchel es entrenador y sigue escuchando aquel cántico cada vez que acude como visitante a un estadio rival. O cada vez que es preguntado por cómo le afecta el insulto en entrevistas para medios de comunicación. E incluso tiene que leer por Twitter e Instagram cómo le llaman maricón como respuesta a cada una de sus publicaciones.

Míchel ya ha manifestado muchas veces con un exquisito respeto que él no es homosexual, pero que tampoco pasaría nada si lo fuera y que, por supuesto, no tiene nada en contra de las personas LGTBI, que quizá el problema lo tengan quienes le llaman maricón o quienes tengan algo en contra de los homosexuales.

Años más tarde, en la década de los 2000, ocurrió exactamente lo mismo con otro jugador del Real Madrid. Esta vez la víctima fue José María Gutiérrez, conocido como Guti. En su caso, no hizo ningún tocamiento a un rival, pero su apariencia física fue la que le señaló como maricón para la masa futbolística.

Cabe recordar que la década de los 2000 no solo fue la de los politonos en los móviles, también fue la de algunos estilismos imposibles. Chándales de terciopelo, minifaldas vaqueras, *piercings* en el ombligo, pantalones de talle bajo... y por supuesto los experimentos con tintes y cortes de pelo.

Guti, como estrella del fútbol, no escapó a estas tendencias, y sus cortes y tintes de pelo, así como sus *looks*, hicieron que rápidamente se le considerase «poco hombre» y se granjease el sobrenombre de maricón. De nuevo, cada fin de semana en todos los estadios de España resonaba el mismo cántico, esta vez con un objetivo diferente: «Guti, Guti, Guti, maricón».

La historia se vuelve a repetir en la actualidad, cuando Guti, ahora entrenador de las categorías inferiores del Real Madrid, dirige a sus chicos en estadios de ligas cadete y juvenil. Padres que, supuestamente están animando a sus hijos menores de edad, insultan y llaman maricón a Guti delante de ellos.

Y en este particular paseo de la vergüenza, llegamos hasta la década actual, la del 2020. Cristiano Ronaldo o Piqué han tenido que soportar los mismos comportamientos en los estadios de fútbol. Especialmente grave es el caso del portugués, que también sufre los insultos fuera de España, cuando juega con su selección nacional.

Sin querer personalizarlo en una sola afición, puesto que este tipo de comportamientos suceden en todos los campos de fútbol de España sin salvedades, y se trata de una lacra que afecta al deporte de manera transversal, me gustaría poner también el ejemplo de los aficionados del Tenerife C. F. Ellos, para meterse con su eterno rival, Las Palmas C. F., cantan: «Pío, pío, maricón».

Es decir, que, en los últimos cuarenta años, a pesar de que la sociedad ha avanzado no solo en derechos y libertades para el colectivo LGTBI, sino también en el nivel de aceptación social, el mundo del deporte y en concreto el del fútbol, no han evolucionado prácticamente nada.

Se siguen viendo y reproduciendo los mismos comportamientos en los recintos deportivos que sucedían cuarenta años atrás. Desde Míchel hasta Cristiano Ronaldo han pasado cuatro décadas y varias generaciones intermedias. Durante este tiempo han cambiado los balones, las camisetas, la publicidad (patrocinadores), la preparación física, la planificación deportiva, el aforo de los estadios, la normativa... En resumen, el deporte ha cambiado muchísimo en estos cuarenta años. Lo que no ha cambiado en absoluto es la LGTBIfobia. Sigue campando a sus anchas por las gradas de los terrenos de juego. Y, además, lo hace sin que ocurra nada que la detenga.

El argumento que muchas personas utilizan para desacreditar esta realidad o minimizar la trascendencia de estos comportamientos es que tanto los deportistas como los aficionados se insultan de diversas maneras y no se le da más importancia. Como una vez me dijo un compañero hablando de este tema, si llamaba a alguien «cabrón», se le consideraría un *cabrófobo*; para él solo se trataba de una forma de hablar. Y es que este tipo de discursos están muy extendidos y tienen gran calado en personas que no se molestan en informarse correctamente. ¿Es comparable llamar a alguien maricón con llamarle gilipollas? No, no lo es. No son lo mismo ni son formas de hablar. Ambas, en un contexto de discusión o de competición, son insultos, pero con una historia y matiz, por completo, diferente.

Gilipollas, cabrón, idiota, imbécil... Los insultos de esta índole no van dirigidos a nadie en concreto. Son genéricos y su definición, además de ser confusa, es muy amplia. No existe una comunidad de gilipollas o un colectivo de cabrones. En ningún país del mundo existe pena de muerte por ser gilipollas, ni nadie tiene que sentarse frente a sus padres para decirles que es un cabrón. Ninguna persona en el mundo siente vergüenza por estos motivos, ni escucha a partidos políticos decir que son enfermos y que hay terapias para curarles, por ejemplo.

Como veis, hay insultos que, aun ofendiendo, nos ofenden por el significado social que tienen, por lo que significan, porque los personalizamos en aquel momento en nosotros, no porque sintamos que formamos parte de aquel colectivo. Y es porque estos insultos son universales. Se aplican a todo el mundo, con independencia del género, raza, religión, edad...

Sin embargo, hay insultos que están cargados de muchas connotaciones que trascienden el mero significado. Se trata de aquellos específicos para una parte de la población. Llamar a alguien «gitano», «negro», «maricón», «bollera», «travelo» no es un simple insulto, sino que apela a toda una comunidad. Todas estas realidades comparten algo: la disidencia. Son realidades que se salen de la «norma». Cuando para insultar utilizamos estas palabras, no estamos usando algo genérico y amplio, sino que estamos usando palabras que una parte de la sociedad sí reconoce como un ataque a su persona, a su estilo de vida, a su comunidad, a su historia, a su pasado. Supone meter el dedo en una llaga histórica de sufrimiento. Un señalamiento directo que va más allá de nuestra propia realidad.

En definitiva, que en nuestro vocabulario estas palabras las tengamos normalizadas y asumidas como si fueran una más y las usemos con mayor o menor frecuencia sin necesidad de responder a una fobia no quiere decir que esté bien que las digamos, y mucho menos que no estemos contribuyendo (consciente o inconscientemente) a seguir perpetuando comportamientos racistas, machistas o LGTBIfóbicos.

Puede molestarnos que nos digan «puto gilipollas», pero es fruto de que nuestra mente conciba que estamos siendo atacados por el significado negativo que les damos a esas palabras. Sin embargo, decir «puto maricón» implica que la orientación sexual gay no es válida, que es algo por lo que se nos puede atacar, que ser homosexual es motivo de vergüenza y señalamiento por ser diferente a lo establecido como normal.

Insultar a una persona llamándola «negro de mierda» o «puto mono» también lleva implícito un supremacismo latente. Con esas palabras asumimos que el color de piel negra les hace inferiores y que, por tanto, es susceptible de señalarse como despreciable; algo para menospreciar y un motivo de burla.

En estos dos casos comprobamos que, efectivamente, aunque cualquier insulto es intolerable, hay algunos que llevan en su ADN tintes que atentan directamente contra todo un colectivo minoritario y disidente. Por eso, no es lo mismo atacar a una persona usando palabras que definan negativamente su comportamiento o manera de ser (cabrón, gilipollas, estúpido, imbécil...) que utilizar expresiones que son un ataque a la raza, el género o la orientación sexual e identidad de género. De hecho, el mayor ejemplo de que las cosas pueden evolucionar y cambiar trabajando por eliminar la LGTBIfobia y con la decisión y el compromiso de hacerlo lo encontramos en el racismo en el fútbol.

Recuerdo hace varios años, siendo adolescente, cuando fui a ver algunos partidos de mi equipo, el Atlético de Madrid, al estadio Vicente Calderón. En una ocasión el Atleti jugaba contra el Espanyol, cuyo portero era Kameni, jugador camerunés. Kameni era negro y numerosos aficionados del Atleti estuvieron llamándole «negro de mierda», «mono», incluso hacían el chillido del mono. El culmen de aquella pesadilla racista fue cuando le lanzaron un ramillete de plátanos a la portería.

Me quedé estupefacto. No podía creer que aquello estuviese sucediendo y que no pasase nada. El partido finalizó sin que el árbitro parase el juego ni hiciese nada por detener esos comportamientos. La noticia no salió en ningún periódico ni en los informativos de deportes. Sencillamente, no pasó nada. Como si no hubiese ocurrido.

Por suerte, la situación ahora en España es bien diferente. ¿Sigue habiendo racismo? Sí. ¿Sigue habiendo comportamientos y cánticos racistas en los estadios y recintos deportivos? Sí, pero es completamente distinto.

Existen campañas de sensibilización por parte de la FIFA, la UEFA y la Federación Española de fútbol con los mejores deportistas lanzando el mensaje de respeto y de tolerancia 0 al racismo. Si estos hechos ocurren, se para el partido, se busca a los infractores, se les prohíbe la entrada a los recintos deportivos, se les sanciona económicamente (a ellos y al club), la noticia sale en todos los medios deportivos...

Es decir, que sigue existiendo el racismo, pero se ha puesto en marcha toda una maquinaria para erradicarlo. Hay intención de hacerlo y también trabajan para ello con las herramientas necesarias.

No obstante, los años siguen pasando y nada de esto ocurre con la LGTBIfobia. En ningún partido el árbitro recogió en el acta los cánticos homófobos contra Cristiano Ronaldo o Piqué. No hay campañas orquestadas por la FIFA ni la UEFA. No se trata de localizar a los infractores ni se les prohíbe la entrada a los campos. Ni siquiera hay intención de parar un partido o establecer sanciones por estas actitudes.

Tanto es así que, con la actual Ley del Deporte en la mano, los comportamientos LGTBIfóbicos ni siquiera están recogidos como algo que perseguir. No existen protocolos de actuación ni ningún tipo de medida específica contra este tipo de violencia. ¿Qué mensaje estamos lanzando entonces? Que con la LGTBIfobia hay barra libre. Que no solo aún no hay herramientas para evitarla, sino que tampoco hay intención de combatirla. Sí es cierto que algunos equipos han dado pasos para ir abriendo camino en este ámbito. El Rayo Vallecano, durante un par de temporadas, tiñó la reconocida franja roja de su camiseta de los colores del arcoíris. Algunos jugadores durante fechas señaladas, como el Día Internacional contra la LGTBIfobia en el Deporte o el Día del Orgullo, han utilizado cordones arcoíris para vestir sus botas.

Si bien tener acceso al fútbol y a los futbolistas para tratar el tema de la importancia de la visibilidad LGTBI, las charlas o las formaciones, es prácticamente imposible. Durante los años que formé parte de la directiva de la asociación ADI (asociación que aglutina la mayoría de los clubes LGTBI inclusivos de la península ibérica), nos encontramos con muchas pegas para acceder a las personas que toman decisiones en los clubes. La sensación era que todo lo relacionado con lo LGTBI no interesaba, más allá de poner un tuit con la bandera arcoíris el 28 de junio.

Aun así, creo que este gesto en sí mismo ya es importante, pues hace diez años era algo impensable. Que, por ejemplo, el Real

Madrid o el Barcelona, dos de los mejores clubes del mundo, a los que siguen millones y millones de personas, luzcan la bandera LGTBI junto a sus escudos es ya toda una victoria. Un gesto muy visible que llega a muchísima gente en el planeta.

Pero las personas LGTBI necesitamos más. De nada sirve poner una bandera durante la semana del orgullo si luego, durante todo el año, no se trabaja para hacer del deporte, del fútbol, de la sociedad, un espacio para todos y todas. Esos gestos, aunque importantes en sí, deben de ir acompañados de políticas, estrategias y medidas para alcanzar esa visibilidad e igualdad real en el deporte. Por no hablar de que en España el fútbol es el deporte más seguido y, por tanto, el que más poder tiene, si quisiera, para transformar las cosas. Por desgracia, la realidad es bien diferente. Los clubes de fútbol se rigen como empresas. Son marcas que venden en todo el mundo, por lo que no se involucran en temas que generen controversia. Están por encima de la política (o al menos así es casi siempre), de la religión y, lamentablemente, consideran que lo relacionado con las personas LGTBI es un tema espinoso, así que tampoco se involucran. Aunque no ocurre lo mismo en las ligas de otros países, por ejemplo, la liga de fútbol inglesa (Premier League), como veremos un poco más adelante.

Se antoja complicado que un club como el Real Madrid, cuyo patrocinador mayoritario estos últimos años es Fly Emirates, la compañía aérea saudí, vaya a apoyar cualquier tipo de medida en favor del colectivo LGTBI. Ya que en los Emiratos Árabes la homosexualidad está perseguida y penada con la muerte. Por lo que es difícil que el Real Madrid vaya a renunciar a los ingresos de su mayor patrocinador al posicionarse firmemente sobre un tema capital en dicho país. Lo mismo ocurre con el Barcelona, al que hasta hace poco patrocinaba Qatar Airways, otra compañía aérea de un país en el que la homosexualidad está castigada con hasta cinco años de cárcel.

Todo ello sumado a que la marca «Real Madrid» o «Barcelona» tiene que vender en el mundo entero, esto es, en lugares de potenciales inversores como Oriente Medio o Latinoamérica, y en países como Rusia, la India, China... Lugares en los que ser del colectivo LGTBI no solo no está bien visto, sino que además está perseguido y criminalizado. Por ende, vemos como los clubes anteponen sus intereses económicos a los derechos y libertades de las personas

LGTBI. Sería absolutamente transformador que equipos así, con todo el poder mediático que tienen, tomasen partido y se decidiesen a luchar firmemente por la visibilidad y protección del colectivo LGTBI dentro del fútbol. Esto ayudaría a muchos chicos y chicas jóvenes a salir del armario y perder el miedo, pero también empujaría a futbolistas de la élite a dar ese paso y cambiaría las cosas para siempre. Y no solo en el fútbol, o el mundo del deporte en general, sino que cambiaría el conjunto de la sociedad, puesto que el fútbol es uno de los deportes más seguidos del mundo, un espejo en el que mirarse y un vehículo transformador.

Cambiaría todo. Porque el hecho de que un club de fútbol con millones de seguidores en todo el planeta hablase claramente del respeto, la tolerancia y la diversidad, o que un futbolista saliese del armario y se visibilizase como homosexual, abriría las puertas a millones de personas reprimidas, castigadas, perseguidas, encarceladas e incluso ejecutadas por ser quienes son.

Ese mensaje, emitido desde el deporte, sería luz en una sociedad en la que ser LGTBI aún está condenado en más de la mitad del mundo, y estigmatizado en el resto. Y no solo ayudaría a todas esas personas LGTBI, sino también a las personas heterosexuales que piensan estas barbaridades. Supondría un antes y un después en la sociedad, que poco a poco iría normalizando lo que siempre debió de ser considerado normal.

Un ejemplo muy claro de hasta qué punto no se deja nada al azar en el fútbol sobre temas comprometidos lo vivió precisamente Cristiano Ronaldo cuando fichó por el Real Madrid. Cristiano, como le hemos llamado siempre en España, venía de jugar en el Manchester United de Inglaterra. Allí es habitual que a los jugadores se los conozca por el apellido, que es el nombre que estampan en su camiseta. Por tanto, durante su estancia en la Premier League, Cristiano lució en su dorsal «Ronaldo», al ser su apellido, y su característico número 7.

Cuando llegó a España, tanto prensa como aficionados le llamaban Cristiano, por lo que el jugador, al no ser algo habitual en España poner el apellido, solicitó plasmar en su camiseta «Cristiano» en lugar de «Ronaldo». La respuesta que le dieron desde las altas esferas del club fue que aquello no era posible. Y es que la palabra «Cristiano» tiene una clara connotación religiosa, por eso desde el club pensaron que quizá un judío, o musulmán, podría tener algún tipo de reparo a la hora de comprarse una camiseta en la que ponía «Cristiano». Le «obligaron» a mantener el apellido en la camiseta, aunque nadie en el fútbol llama al jugador portugués «Ronaldo», sino que es conocido mundialmente como Cristiano. A la postre, el Real Madrid no quiso que su jugador franquicia llevase en su camiseta el nombre por el que todos le conocemos, porque pensó que en aquella decisión podían interferir realidades de credo y afectar ciertas sensibilidades, y que, por supuesto, no era una buena jugada económicamente hablando, conque optó por otra solución.

Otra curiosidad respecto a cómo se resuelven ciertas situaciones en pro de no afectar los intereses comerciales la encontramos de nuevo en los dos grandes clubes de España.

Tanto el Real Madrid como el Barcelona renunciaron a las cruces de los escudos para distribuir sus productos en la península arábiga. La cruz de la corona del escudo del Real Madrid y la cruz de San Jorge del Barcelona se suprimieron de manera autorizada por los clubes para tener un mayor acceso comercial en Oriente Próximo, donde el símbolo cristiano es tabú. Como podemos ver, el dinero prima. La oportunidad económica es capaz de hacer que dos de los grandes clubes del fútbol mundial modifiquen sus escudos para penetrar en todos los mercados del planeta. Esto podría hacernos pensar que, en caso de querer posicionarse claramente en favor de un deporte igualitario e inclusivo, el impacto que tendrían daría la vuelta al mundo. Sin embargo, la postura que adoptan es mucho más conservadora y, a mi juicio, cobarde.

Como persona LGTBI, no espero que un club de la India se posicione en un tema así, puesto que, legislativamente hablando y en cuanto a derechos y libertades del colectivo se refiere, la India es un país sin desarrollar. Tampoco lo espero de un club ruso, país donde se relaciona directamente la homosexualidad con la pedofilia y se considera cualquier manifestación o proclama LGTBI como propaganda. Pero sí lo espero de clubes españoles, que con independencia de su carácter universal, se desarrollan en España, están formados en su mayoría por personas que viven en España, son dirigidos por personas, o bien nacidas, o bien que han hecho su vida en España, y que conviven en una sociedad pionera en lo que a lucha por derechos y libertades del colectivo se refiere. Por ese motivo la decepción que sentimos con ellos es mayor.

Casi siempre que reflexionamos sobre la poca o nula visibilidad de personas LGTBI en el deporte ponemos el foco en los propios deportistas. Sin embargo, en mi opinión, le estamos dando una perspectiva equivocada. Es evidente que existe mucho miedo por parte de los deportistas a salir del armario, por diversas razones. En primer lugar, por la falta de referentes. Tenemos en la cabeza que nos enfrentamos a lo desconocido. No sabemos qué es lo que puede suceder con nosotros una vez demos el paso. Ni cómo puede afectarnos personal y psicológicamente, ni si puede pasarnos factura en lo deportivo. En nuestra cabeza se abren mil escenarios posibles, pero ninguna certeza. Conocemos infinitas historias negativas y tan solo unas pocas positivas. La ausencia de referentes positivos que nos ayuden a perder ese miedo y empoderarnos hace que demos pasos en nuestra vida con el freno de mano puesto. En segundo lugar, por el miedo al rechazo de tus propios compañeros. Los compañeros y compañeras de equipo acaban siendo parte de nuestra familia. Con ellos compartimos no solo las muchísimas horas de entrenamiento diarias, sino también viajes, concentraciones, éxitos y derrotas. Innumerables horas fuera de la práctica deportiva como tal que forman parte de la convivencia de un equipo y también experiencias personales relacionadas con el deporte. Victorias y alegrías colectivas, derrotas y fracasos compartidos que estrechan unos lazos y un vínculo extremadamente fuerte y particular.

Esto puede hacer pensar que personas tan especiales y presentes en nuestra vida como son los compañeros de equipo deberían tener mayor predisposición a aceptar que otro compañero tenga una orientación diferente. Sin embargo, aquellos que hacemos deporte sabemos que los vínculos del deporte son así de extraordinarios, y que no necesariamente todos tus compañeros tienen que ser amigos para que te dejes la vida en el campo, el agua o la cancha por ellos.

Es una de las particularidades que tiene el deporte y que uno aprende desde pequeño. Se trabaja por un objetivo común y todas las personas de un equipo están en el mismo barco, luchan por lo mismo, como hermanos, aunque a veces la relación con algunos integrantes no pase de lo meramente profesional y fuera del ámbito deportivo no se tenga ningún tipo de vínculo.

Por tanto, ese hermanamiento deportivo no siempre se traduce en hermanamiento personal, y existe ese miedo al rechazo de una parte de tu familia deportiva. Este rechazo puede traducirse en una convivencia imposible, cargada de insultos, bromas o situaciones incómodas que incluso pueden empujarte a abandonar la práctica deportiva. El miedo del deportista a sentirse excluido del grupo con el que pasa tantas horas a lo largo del día le impide visibilizarse y dar ese paso. En este caso, la seguridad de mis palabras viene avalada por haber experimentado de primera mano ese temor, el cual no se lo deseo a nadie.

También hay que tener en cuenta el impacto exterior que puede tener una noticia así. Antes hablábamos de los comportamientos y conductas que se siguen reproduciendo en los estadios y recintos deportivos. Para un deportista, prepararse mentalmente para enfrentarse a un grupo de gente insultándole de manera impune mientras compite no es fácil. Ni miles de personas ni dos o tres. Recibir insultos por decir alto y claro quién eres y llevarlo con orgullo y normalidad, como cualquier otra persona, es difícil de digerir. Y mucho más sabiendo que incluso la ley no persigue este tipo de actitudes. Los deportistas nos sentimos expuestos, desprotegidos y solos. Así, con este panorama, parece mucho más tentador tomar el camino «fácil» y optar por ponerse una careta y seguir hacia delante sin mostrar el auténtico yo. Y entrecomillo fácil porque, viéndolo en perspectiva, es mucho más complicado.

No hay cosa más horrible que tener que fingir constantemente ser alguien que en verdad no eres. Tener que cuidar cada detalle sobre tu vida personal para que tu orientación sexual no salga a la luz. Mentir sobre cosas tan normales como qué has hecho el fin de semana, con quién has estado o tener que participar en conversaciones que no son de tu interés, como lo buena que está esta chica o la otra.

Y para sumar otra circunstancia que dificulta que haya más deportistas abiertamente homosexuales está el miedo a perder los patrocinadores. Cuando hablamos de patrocinadores, es inevitable que se nos vengan a la cabeza el fútbol y las grandes marcas. Suena complicado que una firma como Nike o Adidas vaya a arriesgarse a rescindir su contrato con un atleta por su orientación sexual. A nivel de imagen, sería un desastre. Es cierto que es difícil que ocurra y, en caso de hacerlo, seguro que llegaría alguna otra marca de la competencia para pescar en río revuelto y además posicionarse de manera satisfactoria a nivel de opinión pública.

No obstante, me refiero a la gran masa de deportistas profesionales que no son de disciplinas mayoritarias. Cuando despejas el factor mediático de la ecuación, la realidad resultante es bien diferente. Imaginemos a una esgrimista lesbiana. Pongamos que esta chica tiene una situación económica frágil y que la manera en que puede pagarse los viajes para competir y el equipamiento necesario para ello sea gracias a dos pequeñas empresas que la patrocinan.

Pues bien, si se diese la situación de que el propietario de alguna de esas dos empresas se enterase de que es lesbiana, y por ese motivo le retirase su patrocinio, para ella podría suponer el fin de su trayectoria como deportista ante la imposibilidad de afrontar económicamente los gastos derivados de su deporte. Podría no suceder, pero el riesgo de que ocurra es muy elevado, por lo que los deportistas optamos por el silencio. Es la mejor manera de no comprometer nuestro futuro profesional y deportivo cuando no conocemos las inclinaciones políticas o ideológicas de nuestros patrocinadores.

En esta situación de dependencia económica se encuentran la gran mayoría de los deportistas de disciplinas minoritarias. Por ese motivo es entendible que los deportistas LGTBI no quieran visibilizarse, repelidos por el miedo a, de nuevo, una situación desconocida que escapa de su control. Como vemos, existen dos caminos, ambos muy complicados. O mentir y ocultar quiénes somos, cargando con esa pesada losa, priorizando nuestro presente y futuro deportivo, o exponerte a una situación que escapa de tu control y que no sabes si puede alejarte del deporte, tu pasión o incluso tu medio de vida.

En cualquier caso, abrir camino en el ámbito deportivo no es responsabilidad de los propios deportistas. Nosotros no tenemos esa obligación. No podemos depender como sociedad de que un puñado de locos, valientes o afortunados rompan esas barreras contra todo y contra todos. Por supuesto hay que aplaudir gestos así, pero sin olvidar que, en realidad, es algo extraordinario, no obligatorio, puesto que no todo el mundo vive la misma situación ni personal, ni profesional, ni mucho menos deportiva.

La responsabilidad real es de las instituciones, la política, las federaciones, las entidades, los equipos, los colectivos. Son ellos quienes deben trabajar para hacer del deporte un espacio seguro para todos. Mediante la educación a técnicos, deportistas base, directivos, personal de instalaciones, mediante la formación, otorgando las herramientas necesarias para prevenir y atajar situaciones de LGTBIfobia. Estableciendo protocolos de actuación.

Solo así conseguiremos un deporte en el que los propios deportistas nos sintamos seguros para dar ese paso y visibilizarnos. Sin miedo al rechazo de nuestros compañeros, ya que la educación previa desde la base habrá hecho que vean la diversidad como algo absolutamente normal. Algo que abrazar y no señalar. Una educación que habrá ayudado a las futuras generaciones LGTBI a sentirse bien consigo mismos, y a los jóvenes heterosexuales a entender que existen diferentes orientaciones e identidades de género. Sin miedo a los insultos por parte de los aficionados o rivales. Puesto que esas leyes y protocolos habrán dotado de garantías el deporte, y existirán vías para sancionar a personas que sigan perpetuando estas discriminaciones. Sin miedo a la marcha de patrocinadores, porque en un futuro en el que las anteriores bases están construidas, habremos podido ser quienes somos mucho antes quizá de alcanzar nuestra plenitud deportiva, por tanto, no habrá por qué esconder a nadie nuestro verdadero yo, ni ningún patrocinador se marchará por ese motivo.

Solo de esta manera conseguiremos hacer evolucionar un deporte que está estancado en este tema desde hace mucho tiempo. O que avanza a paso de tortuga. Solo así conseguiremos que los propios deportistas sintamos que formamos parte de un sistema que nos tiene en cuenta, que se preocupa por nuestro bienestar y que nos protege. Así sentiremos que no estamos solos. Mientras todas estas circunstancias llegan, seguiremos dependiendo de las historias de algunos pocos valientes. Sus testimonios, ya sean trágicos, como desgraciadamente son la gran mayoría, o positivos y esperanzadores, son el martillo que poco a poco va picando ese gran muro que aún debemos derribar. Quizá suene utópico, pero ese es el futuro en el que creo. Es el único camino hacia la igualdad real y efectiva de las personas dentro del deporte. Podéis llamarme soñador o iluso, pero ese es el futuro por el que yo lucho. Y no pienso perder la esperanza. Nunca.

5

VESTUARIO

Nada es para siempre. Tanto los momentos de éxito como las malas rachas y los fracasos tienen un final y dan pie a nuevas situaciones. Una de las cosas que te enseña el deporte es a relativizar. Ni las victorias son tan maravillosas, ni las derrotas tan terribles. Una vez se producen, tienes que continuar, puesto que al día siguiente comienza otra batalla que debes afrontar.

A veces no podemos controlar cuándo se producirán estos cambios, pero en alguna ocasión sí vemos perfectamente la meta y somos conscientes de que el fin de una etapa es inminente. Ocurre en el colegio, justo antes de pasar al instituto, o en el instituto, justo antes de «salir al mundo». Momentos en los que tenemos la certeza absoluta de que la «burbuja» a la que se reduce nuestro mundo está a punto de pincharse.

Estos cambios suelen ir acompañados de una razonable sensación de miedo. Miedo al cambio, a lo desconocido. Y es razonable porque significa crecer, evolucionar, asumir retos mayores que requieren más de nosotros. Más exigencia. Además, tener miedo al cambio es humano, porque todos vivimos muy bien en la seguridad y comodidad de lo conocido. Pero, como dicen, las cosas más mágicas ocurren fuera de la zona de confort. Y esa magia estaba a punto de llegar a mi vida.

En otro viaje al pasado y con el propósito de contextualizar aquella etapa de mi vida académica y deportiva, llegamos a mi último año en el IMDER. Este se me pasó volando, síntoma inequívoco de lo mucho que lo disfruté, a sabiendas de que la aguja que pincharía mi burbuja estaba cada vez más cerca. Lo recuerdo con mucho cariño, ya que fue el fin de una de las etapas más bonitas de mi vida. Volví de aquel verano con la medalla de subcampeón de Europa Sub-19, teniendo solo diecisiete años, lo que en un ambiente deportivo era sinónimo de respeto y admiración por parte de mis compañeros y entrenadores. Como estábamos en segundo de bachillerato, éramos los mayores del IMDER, así que esa circunstancia, sumada al éxito deportivo, daba como resultado un estatus privilegiado en el instituto. Cuando estás en esa posición, todo se vive de otra manera, y más si eres un adolescente. Además de hacer algo más llevadero el día a día, teniendo en cuenta que solo Diego sabía realmente quién era. A nadie le disgustan los halagos, los piropos y la admiración, y menos en plena crisis de identidad y después de llevar toda la vida fingiendo ser alguien que verdaderamente no eres, por lo que acepté con gusto tal estatus.

Uno con diecisiete años se cree que es el rey del mundo, que lo sabe todo y el endiosamiento que viví aquel año en el deporte hizo inevitable que mi carácter y mi actitud se volviesen un poco narcisistas. Por supuesto, esto lo veo ahora, pero en aquel momento, siendo un adolescente, no. Me sentía intocable. Es más, una parte de mí estaba convencida de que se trataba de justicia divina. Que después de toda una vida avergonzado por ser quien era, me tocaba ostentar esa posición de privilegio social, aunque una de las partes más importantes de mi persona siguiese oculta.

A lo largo del curso, mi relación con Diego se intensificó. Nuestros lazos de amistad ya se habían fortalecido mucho durante todo el verano con la selección, pero, sobre todo, después de abrirme con él y contarle que era homosexual. Diego era el único que podía ver más allá de mi personaje, de mi *performance*. Esa complicidad en torno a mi «secreto» nos unió muchísimo. Le contaba con total naturalidad todo lo que sentía o se me pasaba por la cabeza. Cómo iba mi relación con Andrés, los gestos que yo veía, cómo me sentía... todo aquello que nunca había podido hacer con normalidad en mi adolescencia empezó a aflorar en aquel último año de bachillerato. Poder exteriorizar mi sentir me fue haciendo ganar más y más confianza en mí mismo. Empecé a abrazarme sin complejos, a quererme y a entender que, si Diego estaba reaccionando de manera tan positiva, quizá el resto de mis amigos también podría hacerlo.

Ese razonamiento me llevó a tomar la decisión de contárselo a otra amiga a solo unos meses de finalizar el curso. Su reacción también fue muy positiva y abrirme con ella supuso que nuestra amistad crease un vínculo más fuerte. Lo mismo ocurrió con otra de mis mejores amigas al poco tiempo. Durante esos últimos meses, no dejé de dar pasos y abrirme con mis amigos, poquito a poco. Y resultó casi matemático. Mis amigos agradecían la confianza de hablarles de algo tan personal y recibían mis palabras casi como un tesoro que había que cuidar y proteger. Por lo que esas conversaciones no hicieron otra cosa que fortalecer mi amistad con ellos; aunque las solía afrontar con miedo. El mismo miedo que siempre había estado ahí. Esa voz en la cabeza que decía: «Se lo va a tomar mal y todo el mundo lo sabrá», «Se van a meter contigo», «Te van a insultar». Pero después de tantos años escondiéndome, el sentimiento liberador de poder ser yo, sumado a las buenas experiencias anteriores al hablarlo con otros amigos, hacían que el miedo fuera perdiendo la batalla. Y cada batalla que el miedo perdía yo me hacía más fuerte y estaba más convencido de que ser como era estaba bien.

Mirando con perspectiva todas las veces a lo largo de mi vida que he tenido que afrontar una conversación declarando mi homosexualidad, hay algo que es muy llamativo. Desde luego es muy personal y no significa que otras personas compartan la misma realidad. Simplemente hablo de mi experiencia. Y es que el escenario previo a esa conversación que se formaba en mi cabeza era terrorífico. Si bien una vez lo verbalizaba, terminaba comprobando que tal escenario no existía; nunca había existido. Esos miedos solo estaban en mi cabeza. Así pues, siempre me he considerado un afortunado por recibir el apoyo tanto de mi familia como de mis amigos en los momentos más importantes de mi proceso de visibilización. Soy consciente de que otros chicos y chicas no tienen esa suerte y que las reacciones de sus familiares y compañeros son de rechazo absoluto, en algunos casos hasta de humillación. Situaciones espeluznantes. Pero sí creo que, en el fondo, aun con esos aterradores escenarios en la cabeza, la mayoría de las veces se sabe si la persona con la que vas a hablar lo va a recibir de manera natural y positiva, o, todo lo contrario. Por eso cada vez que he tenido la oportunidad he intentado lanzar el mensaje de que hay que ser valientes. Hay que perder el miedo y dar el paso. Porque nadie va a encontrar esa fuerza por nosotros. Somos nosotros mismos quienes tenemos que encontrar el valor y afrontar con las personas que nos importan quiénes somos verdaderamente. Y el amor, ya sea fraternal, de amistad o amoroso, jamás puede ir condicionado por una orientación sexual, una identidad de género o una expresión de género. Como tampoco a una raza, a un género o a un lugar de procedencia. Hay cosas que están por encima de todo. Si tenemos en nuestra vida alguien que nos juzga o siente rechazo por el mero hecho de ser quien somos, sencillamente esa persona no nos quiere bien y hasta me atrevo a decir que solo nos puede causar sufrimiento. Hay que ser valientes por uno mismo y estar orgullosos de ser tal y como somos. Sin complejos, sin excusas, sin permiso.

En cuanto a mi yo de diecisiete años, tenía por delante un horizonte que se presentaba con dos de las decisiones más importantes de mi vida hasta ese momento. Una era la académica, con la selectividad de por medio. Con todo mi conflicto interno y los éxitos deportivos no había tenido ni cabeza ni tiempo para reflexionar y elegir qué quería estudiar. Era una decisión que quería tomar una vez hubiese aprobado tanto el curso como la selectividad. Lo decidiría cuando tocase. La otra decisión importante era la deportiva. Qué hacer con mi futuro en el waterpolo. Sí tenía claro que quería dedicarme profesionalmente al waterpolo y llegar a lo más alto, y que, para ello, tras ese curso tendría que dejar mi equipo de toda la vida y buscar un nuevo reto. Se avecinaban cambios radicales y muy importantes para mí en solo unos meses. Mi vida estaba a punto de cambiar para siempre y yo lo afrontaba con la ilusión de aquel que sabe que es el momento de crecer, pero también con las inseguridades lógicas de no saber qué es lo que me esperaba. Supongo que, como todos, pensaba que decisiones tan trascendentales y que marcan una vida no podían tomarse con solo diecisiete o dieciocho años, por lo que tenía miedo de no saber elegir bien o no estar a la altura.

Con el final de los exámenes de selectividad, llegó la pertinente celebración con todos mis compañeros. Superar esa etapa hizo que al fin me despreocupara de todo. Además, al ser deportista de alto nivel y haber conseguido una medalla con la selección, tenía el privilegio de poder acceder a cualquier carrera universitaria sin necesidad de llegar a la nota de corte. Este es un pequeño reconocimiento que, desde el Estado, se da a los deportistas, premiando su esfuerzo por sacar adelante los estudios como cualquier otro chico, pero además compatibilizándolo con tantas horas de entrenamiento, viajes y competición.

Asimismo, durante el curso, no tuve muy claro qué quería estudiar. Por mi cabeza se paseaban diferentes opciones: derecho, periodismo, publicidad, turismo, ADE..., aunque ninguna tenía más fuerza que la otra. Sí es cierto que siempre se me había dado bien escribir y hablar en público, por lo que me llamaban más la atención las carreras de comunicación o de letras que las que tenían que ver con los números. Una vez salieron las notas y pude corroborar que había aprobado la selectividad, tocaba tomar la decisión. Tras unos días dándole vueltas, elegí estudiar el doble grado de Periodismo y Comunicación Audiovisual. No era vocacional, pero desde luego era lo más parecido a ello y, hoy en día, estoy totalmente convencido de que hice lo correcto, pues no se me ocurre otro lugar en el que hubiese encajado mejor. Con mi futuro académico resuelto, tenía que afrontar la otra faceta sin resolver y la de mayor importancia para mí: mi futuro deportivo. Mi futuro profesional que pasaba por estudiar una carrera universitaria era, sin duda, muy importante, pero lo que realmente absorbía mis pensamientos era la decisión deportiva. El waterpolo era más que un deporte para mí. Era mi pasión, mi forma de vida. Una parte indispensable de mí.

Deportivamente, era el momento de dar un paso al frente y crecer, además, tenía varias ofertas para ello. Dos eran para marcharme a jugar a Barcelona y otras dos para jugar con equipos madrileños, el Ondarreta Alcorcón y el Real Canoe. Todas eran de equipos de la máxima categoría del waterpolo nacional, la División de Honor. Como solía hacer cada vez que tenía que tomar una decisión importante, lo hablaba con mi madre y junto a ella había llegado a la conclusión de que quizá era demasiado pronto para marcharme de casa e irme a vivir solo a Barcelona. Más aún cuando tenía la posibilidad de jugar en equipos de División de Honor en Madrid. Descartadas, por tanto, esas dos ofertas, tenía que decidir dónde jugar en Madrid. Llegaba el momento de valorar pros y contras. Mis tres mejores amigos jugaban en el Alcorcón y evidentemente me apetecía jugar con ellos, sin embargo, desde hacía años ese club estaba sumido en problemas económicos y la mayoría de los jugadores se pasaban meses sin cobrar. Aunque eran competitivos, el club era un desastre y sabía que cobraría muy poco o incluso nada. De hecho, ya había rumores de que el club podía desaparecer si la situación no mejoraba. Por otra parte, la oferta del Canoe me llamaba mucho la atención, pues era un club histórico y contaba con un proyecto deportivo muy interesante. Tenían peor plantilla que el Alcorcón, y, además, no conocía a ninguno de los jugadores, pero la oferta económica era mucho mayor y la fiabilidad económica que aportaba el club me tranquilizaba mucho.

Así que, por un lado, tenía un equipo mejor, en el que jugaban mis amigos, pero con muchísima inestabilidad y al borde de la desaparición, y, por otro lado, un club fiable, histórico, con un proyecto deportivo para crecer, en el que iba a tener un rol protagonista y que me ofrecía un contrato mejor. Tomé la decisión de, nunca mejor dicho, tirarme a la piscina y jugar en el Canoe, saliendo de mi zona de confort. Firmé así mi primer contrato profesional, con una duración de tres años. Estaba muy ilusionado y con la tranquilidad de saber que había encaminado mi futuro más próximo. Con las dos grandes decisiones tomadas y resueltas, me marché aquel verano con la selección de categorías a disputar el Mundial Sub-18 en Croacia y el europeo Sub-20 en Grecia. Tras pasar todo el verano fuera, viajando y compitiendo, regresé a Madrid en septiembre para incorporarme a la pretemporada con mi nuevo equipo, el Canoe.

Este resumen de todo lo que viví ese último año pone de manifiesto, directa e indirectamente, distintos aspectos y situaciones que serán comunes para muchas personas LGTBI y ajenas, aunque no desconocidas, para tantas otras. Si bien el gran nexo que nos une es vivir en la burbuja, esa en la que, en mi caso, había estado los dos últimos años y que se pinchaba definitivamente. Desde aquel momento, comenzaba a vivir en el «mundo real». Ya no estaba en el instituto, en el IMDER. Tampoco entrenaría cada día con mis compañeros de siempre. Hoy entiendo que las primeras semanas estuviera un poco desubicado. Apenas estaba conociendo y estableciendo relación con mis nuevos compañeros de equipo, mi nuevo entrenador, pero también con mis nuevos compañeros de clase, en la universidad. En cuanto a esto último, estaba muy emocionado con mi nuevo camino universitario. Llegaba a un sitio en el que nadie me conocía, y sentía que, por primera vez en la vida, no tenía por qué esconderme, sino que podía ser yo. No había absolutamente nadie relacionado con el deporte, por lo que tampoco tenía la necesidad de guardar las apariencias o interpretar «mi personaje». Después del último año, en el que había dado tantos pasos hacia delante en un ámbito complicado, sentía que ahora llegaba un momento de liberación. Por fin podía desprenderme de la armadura que durante tanto tiempo había cargado. Por fin iba a poder ser yo.

Puedo afirmar que entrar en la universidad fue lo más parecido a que se me cayese una venda de los ojos. Y creo que, en mayor o menor medida, a todos nos ha pasado. Así, había personas de todo tipo. Rápidamente me di cuenta de que la mayoría de mis compañeros de clase eran gais. Muchos de ellos lo decían con total naturalidad y a mí me impactaba tal seguridad. Les envidiaba. Aunque no tenía por qué mentir, aún no me sentía lo suficientemente cómodo como para hablar de ello con desconocidos. Comencé a sentir que aquello que había llevado con vergüenza durante tanto tiempo no tenía por qué avergonzarme. Me acordé de todos esos años en los que pensé que estaba solo en el mundo. Qué equivocado estaba. Pensé también en lo mucho que me hubiese ayudado ver a otros chicos y chicas como yo.

Por suerte, no tardé mucho en hacer amigos. A las pocas semanas de estar en la uni, ya tenía mi grupito de compañeros y compañeras, a pesar de que no podía ir mucho a clase debido a los entrenamientos. Además, también me perdía los viernes por la noche, que era cuando quedaban para salir y tomar algo, ya que los partidos de la liga de waterpolo eran los sábados. Por tanto, siempre andaba un poco descolgado del grupo, pues cada lunes el tema de conversación era lo bien que lo habían pasado saliendo por Chueca, el barrio LGTBI de Madrid. No podía evitar sentir una profunda envidia por no haber podido estar allí con ellos, viviendo esa experiencia, pero mis obligaciones como deportista me lo impedían. Para mí, oírles hablar de Chueca, de salir de manera tan libre, de conocer a otros chicos y hacerlo todo en un entorno de confianza y seguridad era lo más parecido a estar escuchando a alguien narrar uno de mis sueños. Lo tenía cerca, pero aún no lo suficiente.

Eso cambiaría en octubre, cuando me lesioné el codo y mi entrenador me dijo que no me convocaría para el partido del día siguiente, pues necesitaba recuperarme. En ese momento no sentí tristeza ni rabia, sino alegría. Aquella noche por fin iba a poder salir con mis compañeros de universidad por Chueca. Tenía por delante toda una carrera deportiva y la lesión ni siquiera era grave. Simplemente necesitaría unos días de reposo deportivo para poder volver a estar al cien por cien. Pero esa pequeña lesión me abría la puerta a un mundo nuevo. Era la llave para poder vivir mi auténtico yo por primera vez sin miedo, sin vergüenza y sin estar solo. No era una simple salida nocturna. Significaba dar el primer paso del camino de sentirme bien conmigo mismo, de vivir en libertad mi identidad sexual, de socializar con gente como yo sin sentir miedo de ser juzgado o de las posibles repercusiones de mostrarme tal y como era. Significaba estar entre iguales. Por primera vez, iba a formar parte de una «comunidad» que seguramente había tenido que andar un camino muy parecido al mío.

Llamé a mis compañeros de clase para avisarles de que esa noche me uniría a la quedada nocturna, me arreglé y salí nervioso con dirección a Chueca. Cogí el metro y recuerdo como si fuera ayer que, a medida que se acercaba la estación de Chueca, mis nervios iban aumentando. Miré a mi alrededor, en el vagón, para ver si había alguna cara conocida. Aunque iba con la mayor ilusión del mundo, no dejaba de pensar que estaba a punto de bajarme en la estación de Chueca y mi yo de dieciocho años no quería que nadie pudiera pensar que era gay.

Por aquel entonces cogía el metro a diario para ir a la universidad y a entrenar. Cada día el tren pasaba por la estación de Chueca y siempre fantaseaba con pasear algún día por ese barrio, salir de fiesta o conocer a chicos como yo. Era como si el barrio me gritase «ven» cada vez que pasaba. Sin embargo, cuando se detenía el tren, muchísimas veces escuchaba comentarios del tipo «hostia, estamos en Chueca, pegad el culo a la pared», así como miradas de arriba abajo a gente que subía o bajaba de la parada, o incluso oía risas y chascarrillos. Desgraciadamente, fui testigo de situaciones como esas a lo largo de los años. Lo cual hizo que alguna vez en la que coincidí con alguien conocido llegara a bajarme una parada antes y hacer el resto del trayecto hasta Chueca andando, para evitar que me viesen por allí. Hoy me da pena recordar que siempre que me bajaba en esa estación lo hacía con la cabeza medio agachada y a paso rápido, evitando el contacto visual, por si acaso.

No obstante, ese día la felicidad fue el sentimiento predominante. Por fin iba a conocer el barrio tan famoso y por el que tantas veces había pasado, pero que jamás había sido capaz de conocer o visitar. Y eso que Chueca está en el centro de Madrid y a solo unos minutos de Gran Vía, o Callao, aunque nunca me había atrevido a pisarlo. Subí las escaleras de la estación y me quedé fascinado. Las luces parecían brillar más que en cualquier otra parte que jamás hubiese visto. Chueca estaba lleno de vida. Lleno de gente sentada en las terrazas, caminando por la plaza, riendo, abrazándose... Me pareció la descripción gráfica de la felicidad. Con esa sensación de estar viviendo un sueño, me situé en el centro de la plaza y vi a mis amigos sentados en un banco; éramos universitarios, así que compramos algo para beber y nos fuimos hacia un pequeño parque un poco más adelante. Las primeras copas me ayudaron a calmarme y a entrar en calor en la conversación con mis compañeros. Solamente coincidíamos durante los breves minutos antes de clase y en los descansos, ya que como siempre tenía que marcharme a entrenar apenas había hecho vida de campus con ellos. A lo largo de la noche se había ido uniendo gente y ya formábamos un grupo de unas quince o veinte personas. Fueron surgiendo pequeños subgrupos de conversación, yo estaba en uno con dos compañeras y otro chico al que había visto en clase, pero con el que había charlado muy poco.

Siguiendo con los clichés de la edad, comenzamos a jugar al «yo nunca», un juego que básicamente sirve para romper el hielo mediante preguntas indiscretas, haciéndote confesar secretos delante de un grupo de gente o, en su defecto, para beber mucho, o para las dos cosas. Tras varias preguntas, una de las chicas dijo: «Yo nunca me he liado con alguien de mi mismo sexo». Se hizo el silencio. Nos miramos un poco recelosos, pero todos bebieron de su copa, excepto yo. Se empezaron a reír a carcajadas mientras se miraban entre ellos. Aproveché el momento para decir que nunca me había liado con un chico, pero que quería hacerlo, así que suponía que también tendría que beber. El juego dio pie a que cada uno contara alguna experiencia en ese sentido. Una de las chicas tenía novio y explicó sus tendencias bisexuales. El chico contó que era gay y que ya había tenido varias relaciones, pero que sus padres no lo sabían. Entonces yo les expliqué brevemente mi situación. Que era deportista y que me daba miedo decirlo, pero que me gustaban los chicos. La conexión que sentí en aquel momento con aquellas personas fue increíble. Prácticamente eran desconocidos y, aun así, tuve con ellos una confianza total. Fue una liberación no tener que fingir. Poder ser yo desde el principio. Sentirme parte de un grupo. Y comprobar que, cada uno a su manera y con sus circunstancias, habían recorrido un camino parecido al mío. Supongo que en la carrera había muchos chicos y chicas como yo, que habían vivido la misma situación, y cada uno había librado su propia batalla. En ese momento de nuestra vida, quizá todos necesitábamos lo mismo, encontrarnos con iguales, con gente como nosotros que estuviese deseando desprenderse de las armaduras que años atrás tuvimos que construirnos. La búsqueda de un nuevo comienzo nos unió sin necesidad de conocernos íntimamente. Compartíamos algo: las ganas de ser nosotros sin filtro.

Disfruté muchísimo aquella noche con mis compañeros, e incluso fuimos luego a una discoteca gay. Ver a chicos de la mano, besándose sin complejos, sin que nadie se extrañase o escandalizase fue espectacular. Cuánto necesitaba ver algo así y sentir que era normal. Fue una de las mejores noches de mi vida.

Desde ese día, me hice muy amigo de ese chico del grupo con el que había jugado al «yo nunca». Quedábamos cada fin de semana para salir y empezamos a conocer también a otras personas, otros grupos de amigos. En unos pocos meses, tenía mi propia cuadrilla. Me divertía muchísimo con ellos y, como casi todos eran más mayores que yo, me cuidaron mucho y aprendí infinidad de cosas que ahora valoro como lecciones y consejos necesarios para sobrevivir en el ambiente. Por supuesto nadie de mi entorno fuera de la universidad tenía ni idea de la existencia de este grupo. De hecho, muchos fines de semana que salía a tomar algo con mis viejos amigos, o mis nuevos compañeros de equipo, desaparecía en algún momento de la noche sin decir nada a nadie para reunirme con ellos en Chueca. Cuando me preguntaban al día siguiente que dónde me había metido, me inventaba algo: que me había empezado a encontrar mal, que había ligado, que les había perdido de vista y me quedé sin batería... Se me agotaban las excusas. Y es que, aunque me lo pasaba genial con ellos, el estar descubriendo un nuevo mundo y teniendo nuevas experiencias, experiencias que llevaba tantísimo tiempo esperando, era para mí un plan mucho más atractivo.

Sin embargo, la otra cara de la moneda en esta nueva etapa fuera de la burbuja estaba ahí esperándome, el Canoe. Todo en mi vida era nuevo. Deportivamente había pasado de ser el número 1 en el IMDER a ser el recién llegado y el pequeño en el Canoe. Allí tenía que demostrar que no se habían equivocado apostando por mí y ganarme un puesto. Además, aquello ya no era un *hobby*, el waterpolo se había convertido en mi trabajo, con un contrato profesional de por medio. Rápidamente comprendí que tenía que cambiar el chip, porque, si no, iba a pasarlo muy mal. El nivel de la División de Honor era muy alto, la exigencia de los entrenamientos máxima y yo tenía que ponerme las pilas y olvidarme de que hacía solo unos meses todo el mundo me aplaudía y me elogiaba. Había llegado a la élite y literalmente había pasado de ser el primero al último de la fila. Si quería avanzar y ganar importancia como jugador, tenía que trabajar como el que más y los entrenadores así me lo hicieron saber. Eran duros y exigentes conmigo, y me costó unos meses adaptarme por completo a la nueva dinámica. En aquel momento de mi vida, no solo tuve que evolucionar deportivamente, sino también personalmente. Adaptándome a la nueva situación, a mi nuevo rol, a la nueva realidad. No había tiempo para lamentarse. La temporada había arrancado y, o bien te subías al tren en marcha, o bien te quedabas en tierra. Yo tenía claro que quería triunfar en el equipo y que ese iba a ser mi lugar, así que me subí al tren.

En este punto, fue cuando empecé a llevar una doble vida. Mientras que en la universidad podía ser yo sin ningún filtro y cada vez me sentía más libre y disfrutaba de ello, en el equipo tuve que dar varios pasos atrás respecto a todo lo que había avanzado en el último año y lo que seguía avanzando en la otra faceta de mi vida. Aquella careta que prácticamente me había arrancado a trozos por pura necesidad tuve que volver a ponérmela al firmar mi flamante contrato profesional. Ya no estaba en el instituto. Mis compañeros de equipo no eran mis amigos. Eran jugadores profesionales de treinta y cinco, treinta, veintiocho, veinticinco años. Aquel miedo del que me estuve desprendiendo durante los últimos coletazos del curso anterior, regresaron de golpe en septiembre. No me podía permitir que mis nuevos compañeros supiesen que era gay. «¿Y si alguno dice que no quiere cambiarse en el vestuario con un maricón?», «¿Y si alguno se lo cuenta al presidente y me rescinden el contrato?», «¿Y si no me renuevan por ser gay?», «¿Y si la grada se entera y me insultan cuando juegue?»... Todas aquellas dudas, aquellos escalofriantes escenarios, brotaron de nuevo en mi cabeza. Me había costado mucho llegar a la élite de mi deporte; más aún convertirme en profesional. No iba a tirarlo todo por la borda ahora. No estaba dispuesto a perder aquello por lo que llevaba tanto luchando. No estaba dispuesto a poner en riesgo mi sueño. Así que no me importó desempolvar mi viejo personaje, aquel que tantos años había interpretado y cuyo papel conocía a la perfección, para salir adelante en esta nueva etapa. Un vez más, la vida me ponía por delante una situación en la que tenía que sobrevivir. Y estaba dispuesto a hacer lo que fuese necesario para ello. Aunque internamente muriera en el intento.

No obstante, esta vez no fue necesario que interpretase aquel personaje las veinticuatro horas. Algo había cambiado. Ahora estaba en la universidad y allí no tenía que fingir ser otra persona, lo cual era un alivio, mi válvula de escape. Fue un año de liberación y de abrazarme a mí mismo. De encontrarme y de experimentar. Un año de crecimiento. Pero también un año de muchas mentiras a consecuencia de llevar esa doble vida. Lo peor de aquellas mentiras no era solo estar faltando a la verdad, sino hacerlo para esconder algo de lo que, en realidad, no tendría por qué avergonzarme. Y también que mentir a tanta gente (familia, amigos, compañeros...) implicaba que luego tenía que acordarme de esas mentiras para que no me pillasen en un renuncio. Debo admitir que muchas veces me resultaba imposible recordar qué le había dicho a cada grupo. Le podía decir a mi madre que iba con mis compañeros de equipo, a los del equipo que iba con mis amigos, a mis amigos que iba con los compañeros de la uni... y el lunes cuando alguien me preguntaba por el finde me equivocaba en mi propia mentira o no sabía de lo que me estaba hablando. Un desastre y un ejercicio de buena memoria que se terminó convirtiendo en un pequeño infierno.

Pasaron los meses y acabaron la temporada y el curso universitario. Como todos los veranos, pasaría las vacaciones en Torremolinos, pero estaba disfrutando tanto en Madrid de todas aquellas nuevas experiencias que no quería marcharme. Además, eso supondría volver a ponerme la armadura durante un par de meses. Y es lo que menos quería en ese momento. Comentando esta situación con uno de mis amigos, le dije que no quería irme ese verano, a lo que me respondió que Torremolinos era un lugar en el que había muchísima vida LGTBI. Yo no tenía ni la más remota idea de que, efectivamente, Torremolinos ha sido y sigue siendo un lugar histórico con un gran ambiente y una amplia oferta LGTBI. ¡Qué suerte la mía!

Sin embargo, allí no tenía ningún amigo gay y tampoco quería salir del armario con mis amigos de toda la vida con los que veraneaba, porque si lo hacía, se lo contarían a sus padres y al final acabaría enterándose mi familia, así que no era una opción. Decidí invitar a uno de mis nuevos amigos de Madrid unos días a casa. Eso no levantaría ninguna sospecha y de ese modo podría conocer la zona LGTBI de Torremolinos acompañado. Así fue. Además, también pude conocer a otros chicos de allí con los que entablé una buena amistad. Estaba siendo un verano redondo.

La racha de buena suerte que había tenido aquellos meses respecto a no ser descubierto en mi doble vida estaba a punto de acabar y lo haría de una forma que nunca imaginé. Una tarde, mi madre entró en mi habitación y se sentó a mi lado, en mi cama. Me dijo esas palabras que nadie quiere escuchar: «Tenemos que hablar». Empezó a indagar, insistiendo en que había algo que tenía que contarle. En ese instante lo tuve claro: lo sabía. Mi madre sabía que era gay. Jugué un poco al despiste e intenté deshacerme de ella con un «ahora no, estoy cansado». Ella desistió, pero no sin antes soltarme que era mi madre, que me quería y que siempre iba a estar a mi lado, apoyándome fuera quien fuera. Al final, se acercó a mí, me dio un beso y cerró la puerta tras ella. Inmediatamente, volvió a abrirla y se asomó para terminar con un «las madres lo sabemos todo». Y volvió a cerrar la puerta. Aún en estado de *shock*, e imagino que con la cara blanca, llamé a uno de mis amigos para contarle lo que había pasado. Estaba nervioso y muy preocupado. Cuando se lo conté, se echó a reír, pues era evidente que mi madre me estaba abriendo la puerta a tener una conversación sincera con ella, dejándome muy claro que estaría a mi lado pasase lo que pasase. Así, hablar con mi amigo me tranquilizó mucho. Me hizo ver las cosas con perspectiva y entender aquella conversación como una invitación a quitarme la careta con mi madre. Y eso fue lo que hice.

Dejé pasar un par de días. Mi madre estaba un poco rara, hasta algo distante. Notaba que intentaba actuar como si no hubiera pasado nada, pero sabía que no era natural del todo. Ella tampoco estaba cómoda. Finalmente, le dije que quería hablar con ella y quedamos esa misma tarde en casa. Primero, esperé a que ella me explicase lo que quería decirme. Por lo visto, llevaba un tiempo pensando que durante el último año apenas le había hablado de mi vida privada y que con la edad que tenía (diecinueve años) nunca había hecho alusión a ninguna chica o a pedirle algún día la casa. Lo cierto es que esa parte de mi plan la había «descuidado» por completo. Por tanto, tenía todo el sentido del mundo, al fin y al cabo, vivía con mi madre y era lógico que se hubiese dado cuenta de aquello. No obstante, esa conclusión no fue lo único que me dijo. Resulta que días atrás había sonado mi móvil y ella lo cogió por equivocación pensando que era el suyo (ambos teníamos la misma marca y modelo de teléfono). La cuestión es que leyó un mensaje bastante revelador de un chico y solo tuvo que atar cabos para descubrir la verdad. Me preguntó directamente si me gustaban los chicos y le contesté que sí; de inmediato empezó a llorar, pero no porque fuera gay, sino porque le habría gustado haberlo sabido antes para haberme apoyado cuando lo necesitaba. Según sus propias palabras, le dolió muchísimo haberme «fallado» y que hubiera tenido que estar solo. No podía dejar de pensar en lo que habrá sufrido. No obstante, me dejó bien claro que no tenía nada que ver conmigo, es decir, que su única preocupación era que la gente me pudiera hacer daño por ese motivo.

Esa tarde estuvimos hablando largo y tendido y supe que sería la primera de muchísimas conversaciones con ella. Como ocurre la mayor parte de las veces, mi madre, aun siendo una mujer moderna y abierta de mente en prácticamente todos los temas, era consciente de que no conocía nada de mi nuevo mundo. Ni con quién me juntaba, ni adónde iba, ni qué tipo de ambiente había en aquellos lugares... Como madre, estaba preocupada por no saber qué vida llevaba su hijo. Automáticamente, aparecieron sus propios miedos e inseguridades y los peores escenarios aparecieron en su mente. Aunque es triste, no deja de ser bastante más habitual de lo que creemos el relacionar estereotipos como el abuso de sexo y drogas con el ambiente gay. Algo que ocurre, sí, pero igual que en el ambiente heterosexual. Sin embargo, no considero que sea la nota predominante, y en ningún caso era ni ha sido nunca de mi interés. Cada uno es libre de hacer con su vida y su tiempo lo que considere, y creo que mientras no se haga daño a nadie no se debe juzgar si es

Víctor con tres meses (1991). © Archivo familiar

Víctor con cuatro meses en la piscina (1991). © Archivo familiar

Víctor con su hermano Jaime (1996). © Archivo familiar

Víctor con diez años (2001).
© Archivo familiar

Víctor con diecisiete años (2008). © Archivo familiar

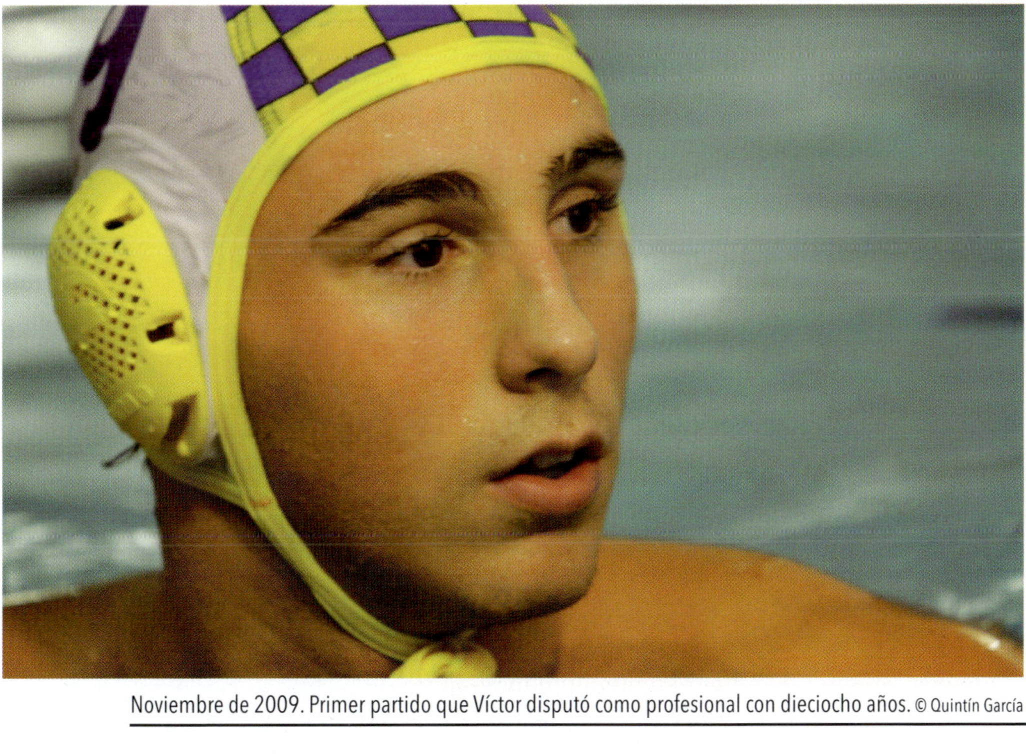

Noviembre de 2009. Primer partido que Víctor disputó como profesional con dieciocho años. © Quintín García

Víctor y su amigo Diego Tébar en la Universiada de Shenzhen, China, en 2011.

© Archivo familiar.

Con su madre Isabel en el Campeonato del mundo Junior en Volos, Grecia (2011), donde ganó la medalla de plata.

© Archivo Familiar

Con su amigo Javier Cáceres en 2015. © Archivo familiar

Con Carlos Peralta en 2019. © Archivo familiar

Portada de la revista Shangay en la que salió del armario en 2016. © Miguel Ángel Fernández (Shangay)

Foto del reportaje en la revista Shangay en la que salió del armario en 2016. © Miguel Ángel Fernández (Shangay)

Con la selección española en el campeonato del mundo en Budapest (2017). © Ignacio Escobar

Trofeo máximo goleador temporada 18-19 División de Honor Masculina. © Iñigo Sierra Gómez

Segunda portada en la revista Shangay (2019). © Joan Crisol (Shangay)

CN Terrassa con Ricard Alarcón en 2020. © Arsenio Waterpolo

Partido de la Champions contra el Dinamo Tbilisi. Temporada 19-20. © Oriol Patao

Acto en Madrid como pregonero en el día del Orgullo (2020). © Archivo familiar.

Insulto homófobo durante el partido entre el CN Terrassa y el CN Sabadell. Abril de 2021. © Lluís Clotet

Junto a Pedro Sánchez el día en que fue nombrado secretario de políticas LGTBI del PSOE. Octubre de 2021.
© Gabinete de Comunicación del PSOE

Víctor durante una de sus conferencias en 2022. © Gabinete de Comunicación del PSOE

Justin Fashanu en 1981. Fue el primer futbolista que salió del armario públicamente. © PA IMAGES / Alamy/ ACI

El futbolista inglés Jake Daniels en 2022. © Lee Parker - CameraSport /Getty Images

La tenista Martina Navratilova en el US Open de 1988. © Adam Stoltman / Alamy /ACI

El futbolista alemán Manuel Neuer con el brazalete arcoíris (2021). © Christian Charisius/Picture Alliance / Getty Images

Tom Daley en el desfile de atletas olímpicos en Trafalgar Square (2012). © Bettina Strenske / Alamy /ACI

La madrileña Vanesa Caballero junto al campeón de España del peso superligero, Jonathan *Maravilla* Alonso (2019).
© Eduardo Oyana/ EFE

Marc Fortuny en una de sus competiciones. © Archivo familiar.

bueno o malo, si es lo correcto o no. En mi caso particular, traté de hacerle perder aquel miedo infundado para que estuviese tranquila.

Viéndolo ahora, pienso que estuvo mal que cogiese mi móvil, y también que no me dejase mi espacio para ser yo quien decidiese cuándo hablar con ella. Me sacó directamente del armario. Yo no pude decidirlo, lo hizo ella por mí. No obstante, no puedo culparla. Entiendo que ella solo quería brindarme su apoyo y que su hijo no pasase ni un segundo más sin sentir que estaba su madre al lado. Instinto maternal y de protección en estado puro. Si bien para mí lo ideal en estas situaciones es dejar que sea la propia persona LGTBI la que dé el paso. Puesto que la orientación sexual y la identidad de género son cosas que incumben únicamente a la propia persona, debe ser ella misma quien decida cuándo es el momento de abrirse con los demás. Es un derecho intransferible que nos pertenece. Elegir cuándo, cómo y con quién. Que ese derecho nos lo arrebaten y nos pongan en una situación de inseguridad, de desprotección, no es justo, por mucho que la otra parte lo haga con la mejor de sus intenciones y su deseo no sea otro que ayudar. Es entendible, pero sigo pensando que no le corresponde a nadie más que a uno mismo dar ese paso.

Lo que sí es responsabilidad de las familias, los amigos o los seres queridos, es construir alrededor de esta persona un espacio seguro. Es decir, la manera de colaborar o de favorecer a que una persona LGTBI sienta la confianza de abrirnos su corazón es haciendo que se sienta cómoda y generando un entorno que perciba como seguro. Para mí, hubiese sido más sencillo que mi madre al pensar que podía ser gay hubiese decidido dar pequeños pasos con el objetivo de que yo sintiese que podía tener una conversación con ella al respecto. En casos así, utilizar un lenguaje más inclusivo de manera normal mediante charlas informales es un buen ejemplo. «Bueno, Víctor, ¿no me vas a traer nunca a casa una novia o un novio?» O un novio; qué importante esa disyuntiva. Otra opción sería hablar desde el positivismo sobre, por ejemplo, el Orgullo (las ganas de asistir al Orgullo o a otra manifestación relacionada con reivindicaciones LGTBI), o algún tema de conversación relacionado con el colectivo LGTBI, como el matrimonio igualitario, las personas trans... También me hubiese ayudado a comprender que mi madre era una persona con la que yo me podía sincerar. Como estos, podríamos poner decenas de ejemplos. El fin es el mismo, entregar el poder de visibilizarse a la persona implicada y, por otra parte, esforzarnos en crear un espacio seguro para que esa persona se sienta en confianza para dar el paso.

Sea como fuere, no puedo cambiar cómo sucedieron las cosas y quizá, en buena parte, dar los pasos que he dado en mi vida y poder ser hoy un referente para muchas personas sea consecuencia de que mi madre me «empujase» del armario. Ese hecho, aunque supusiese un pequeño trago y un «atentado» contra mi intimidad y mi derecho a decidir cuándo abrirme, me ayudó a ganar la confianza necesaria a una edad tan temprana como para luego afrontar los demás retos de mi vida sabiendo que podía contar con mi familia. Quizá, aun sabiendo que mi madre se lo tomaría bien, no me hubiese atrevido a dar ese paso si no lo hubiera dado ella primero. No lo sé, ni nunca lo sabré. Somos el resultado de las cosas que nos ocurren en la vida y estoy absolutamente convencido de que las cosas ocurrieron como debían ocurrir. Así que no, no cambiaría nada de lo que sucedió.

Pese a todo, sigo pensando que no debemos confundir la buena voluntad y las ganas de demostrar apoyo, amor y cariño con poner a un adolescente o a un joven en una situación de vulnerabilidad, en especial, sin saber si está preparado para ello o no. Creo que la mejor opción, como mencioné antes, es esforzarnos en que esa persona se sienta cómoda, sienta ese apoyo y ese cariño y sienta también que es libre de poder mostrarse tal y como es, sin miedo, cuando decida. Dejar al otro decidir; algo básico y fundamental para cualquier persona, para todas y todos.

En cuanto a mí, no voy a mentir, los siguientes días posteriores a la conversación con mi madre fueron un poco raros. Aunque los dos tratamos de darle la máxima normalidad posible, se respiraba cierto aire de incomodidad. Varias veces mientras estaba en casa haciendo vida normal la pillé mirándome fijamente. Aun así, no quise decirle nada, porque entendía que ella necesitaba su espacio y su tiempo para digerir la noticia. Por supuesto y como me había recalcado más de una vez, aquello no tenía nada que ver con que fuese una decepción para ella, o estuviera triste por saber que era gay, sino más bien se trataba de hacer una composición de lugar. Imaginando mi camino todos estos años solo, pensando cómo debía de haberlo pasado, atando cabos de conversaciones pasadas que quizá en ese momento no tenían sentido, pero que ahora lo recobraban, tratando de descubrir alguna de las señales que pude haberle dado e incluso aceptando que sus posibilidades de ser abuela por mi parte (una cuestión de mera barrera biológica) se habían reducido en un alto porcentaje. En definitiva, aquellos días fueron para aterrizar en lo que para ella era una nueva realidad.

A este respecto, son numerosas las ocasiones en las que diferentes personas se han puesto en contacto conmigo a través de las redes sociales para contarme las situaciones por las que estaban pasando debido a su orientación sexual e identidad de género. Sin duda, las que más difícil respuesta tienen y las que mayor complejidad presentan son las interfamiliares. Y es que es absolutamente normal que cuando damos el paso, esperamos que las personas que nos quieren estén a nuestro lado sin ningún pero. Así debe ser. Sin embargo, muchas veces nos olvidamos de que nosotros mismos hemos tardado años en abrazarnos, aceptarnos y querernos tal cual somos. Entender nuestra propia realidad no es una cuestión baladí, algo que conseguimos de inmediato, es un trabajo que a menudo requiere años de esfuerzo. Por tanto, aun estando en lo cierto en cuanto a nuestras reclamaciones, debemos entender que, si nosotros mismos hemos necesitado un tiempo, quizá nuestra familia también lo necesite. Seamos conscientes de que la LGTBIfobia, por muy residual que sea, es cultural. Todos hemos recibido la misma educación y, por ende, en mayor o menor medida, arrastramos trazos de ella. Esta realidad se potencia si a ello le sumamos que nuestros padres pertenecen a otra generación, en la que había un nivel superior de estigma, discriminación y desinformación sobre el colectivo LGTBI.

Es por ello por lo que en ocasiones nuestros familiares, en especial aquellos más mayores, necesitan también de nuestra comprensión y ayuda en este proceso. Su amor y su cariño no está en duda, simplemente ellos pueden necesitar más tiempo para procesar algo así. Pero que no se me malinterprete, no estoy hablando de aquellas familias que pretenden llevar a sus hijos LGTBI a terapias de conversión, que se llevan las manos a la cabeza y les echan de casa, ni de aquellas familias que, automáticamente, dicen que somos una desgracia. Ese es un tema mucho más delicado y en el que el amor que la familia siente por la persona LGTBI es cuestionable. Nada que ver. Me refiero a aquellas familias que están a nuestro lado y se esfuerzan por entendernos, pero o no saben cómo o cometen errores lógicos por desconocimiento. Ahora bien, imaginemos a una persona no binaria de dieciséis años saliendo del armario con su abuelo de sesenta y siete años. Es bastante probable que no sepa utilizar correctamente el vocabulario apropiado, o dirigirse como es debido a su nieto, o tenga algún comentario LGTBIfóbico sin ser consciente de ello. También es bastante probable que desconozca lo que significa ser una persona no binaria. Por tanto, ese abuelo necesitará ayuda y tiempo para procesar y entender algo así. Es importante que seamos coherentes y, sin supeditar a nada el amor y respeto que nuestra familia debe tenernos, entender que existen diferentes realidades y que a veces debemos ser pacientes y colaborar en el proceso para que nuestros seres queridos nos entiendan y nos acompañen en el camino.

De vuelta a mi proceso personal y familiar, durante aquellos días mi madre me preguntó muchas cosas de las que tenía dudas. Cuántos de mis amigos lo sabían, cómo se lo habían tomado, cómo lo llevaba en el equipo... Poquito a poco fuimos trazando esos nuevos lazos de confianza en un tema que jamás habíamos tocado. Así, desde aquel verano, mi madre se convirtió en toda una aliada. Para mí, es la persona referente en mi vida. Es mi faro. Siempre ha estado a mi lado y sé que siempre lo estará. Me ha acompañado a muchas de mis conferencias, ha viajado conmigo para verme dar charlas y formaciones LGTBI, ha conocido a mis parejas, les ha recibido en casa como parte de la familia y tratado con todo el cariño que la caracteriza, me ha aconsejado cuando lo he necesitado, me ha arropado cuando he sufrido alguna ruptura, ha venido conmigo a marchas del Orgullo y también estuvo presente en mi primer acto político. Siempre ha estado guiándome en mi camino, a mi lado. Por lo que no puedo estar más orgulloso de ella.

Después, llegó septiembre y con él un gran cambio físico. Tras el primer año jugando en la máxima categoría del waterpolo nacional, me aconsejaron que, para rendir mejor, debía ganar peso y transformarlo en músculo. Me lo tomé al pie de la letra y pasé de 85 a 98 kilos en solo unos meses. Así, cuando volví a los entrenamientos en pretemporada, en un par de semanas perdí todo el lastre y comencé a transformar la materia prima en músculo. Lo cual mereció la pena, ya que mi segunda temporada en el Canoe fue mucho mejor. Aquel cambio físico me hizo evolucionar y mejorar espectacularmente mi rendimiento y sirvió para que ese año me llamasen por primera vez para ir con la selección española absoluta. Como podéis imaginar, debutar con el equipo nacional cumplir un sueño y hacerlo realidad. Después de tantos años dedicados al deporte, poder disputar un partido en el máximo nivel del waterpolo, defendiendo a mi país, fue algo indescriptible. Comencé a ser un habitual de las convocatorias de la selección y ese año viajé por toda Europa disputando partidos.

Mi cuerpo y mi estatus deportivo cambiaron, pero la palabra que desde los ocho años me acompañaba no. Maricón. En el Canoe, tras ese primer año, me integré muy bien en el equipo, aunque algunos compañeros y en especial mi entrenador de aquel entonces me solían llamar maricón. Ese entrenador era un antiguo miembro de la selección olímpica que había ganado todo en la década de los noventa. Llevaba poco tiempo en el puesto y sus métodos pertenecían a otra época donde se cruzaban los límites de lo permitido con demasiada facilidad. La exigencia física de los entrenamientos se mezclaba con una exigencia personal extrema, con constantes gritos, insultos y descalificaciones. Inclusive he llegado a ver cómo tiraba mesas, pateaba sillas, balones, rompía material en el gimnasio...

En los cuatro años que coincidí con él, estuvo incluso a punto de llegar a las manos con un compañero. A mí, tras un partido en su última temporada, delante de toda la piscina, cuando yo tenía veintidós años y casi al final de un año en el que me lo hizo pasar verdaderamente mal, vino con el puño en alto para intentar pegarme un puñetazo. Yo estaba paralizado, en *shock,* mientras le veía acercarse; suerte que un compañero intervino y consiguió alejarle de mí. Afortunadamente, aquella persona fue despedida del club a los pocos meses.

Cuando estaba de buen humor, cambiaba el chip, tanto dentro como fuera de la piscina, y era capaz de sacar lo mejor de cada uno. Si las cosas iban mal, podía salir por cualquier lado. Durante los primeros años, cuando hacía este tipo de «bromas» sobre mí, que eran seguidas por algunos de mis compañeros, el ambiente era distendido, por decirlo de alguna forma. Soportable, quizá. Viendo las cosas con perspectiva, quiero creer que aquellos años de sufrimiento me curtieron y en cierto modo me hicieron madurar al vivir situaciones límite y tener que salir adelante. No obstante, ningún deportista profesional debería pasar por aquello. Consiguió que no disfrutase de mi mayor pasión, el waterpolo. Seguramente esa historia mereciese otro libro, o muchísimo más espacio, pero es una etapa que tengo más que superada y que, aunque me marcó, no define mi carrera deportiva. Huelga decir que exploté definitivamente como jugador cuando aquel entrenador abandonó el Canoe, y recuperé la ilusión y las ganas por mi deporte.

Respecto a los insultos, yo actuaba como si no me importase que me llamasen maricón. De hecho, me reía con ellos e intentaba tomármelo con humor, pero a veces se hacía cansino. Conocía el *modus operandi* a la perfección. Tratar de ser el más ligón con las chicas, hablar de ellas y, por supuesto, ser más cuidadoso a la hora de llevar mi doble vida. Con aquella broma planeando sobre mi cabeza, no me podía permitir ningún despiste que levantase sospechas y me «desenmascarase». A ello se le sumó un nuevo grupo de gente: mis compañeros de la selección. Si en el Canoe estos comportamientos venían únicamente de algunos compañeros y del entrenador, en la selección era algo generalizado. De nuevo volvía a ser el pequeño del grupo, en un círculo nuevo para mí y con gente mucho más mayor, que además se conocía de toda la vida jugando y compitiendo entre ellos. Como era lógico, lo único que quería era encajar en el nuevo grupo. Si en mi club no me atrevía a plantarme y decir «basta», en la selección nacional, muchísimo menos. Me sentía una hormiga rodeada de elefantes. Mis miedos más primitivos volvieron a aparecer. Quizá ninguno de ellos sabía que era gay, o al menos no con seguridad, pero me lo llamaban igualmente. En este tipo de ambientes siempre ocurre lo mismo. Como todo el mundo quiere encajar, si los mayores o los jugadores con más peso del equipo la toman con alguien, casi todo el mundo lo hace. La selección estaba conformada por jugadores del mejor equipo de España, el Barceloneta, y el grupo de jugadores de ese equipo eran los cabecillas de mi sufrimiento. Es muy duro estar pasándolo mal y tener que poner buena cara para encajar y no levantar sospechas.

Lo que para mí debía ser estar cumpliendo un sueño, que es el de entrenar con el equipo nacional y pelear por ir a los grandes campeonatos a representar a mi país y jugar en la élite absoluta de mi deporte, se convirtió en una pesadilla. En el club no tenía la mejor de las situaciones, aunque el día a día era llevadero. Pero las convocatorias de la selección se me hacían insufribles. Cada vez que me convocaban lo pasaba mal. Quitando la primera vez, y algunas posteriores después de salir del armario, nunca jamás fui feliz a entrenar con la selección. Siempre iba sin ganas, con mal cuerpo y sin ilusión. Si la convocatoria duraba una semana, sabía que iba a tener que pasar esa semana fuera de casa, sin ni un solo amigo alrededor, con la careta puesta y teniendo que soportar ser el blanco de unas bromas que pensaban que eran muy graciosas, pero que no tenían ninguna gracia.

Es curioso como muchas de las personas que perpetran estos comportamientos se excusan con eso de que solo son «bromas». ¿Qué es una broma? Una broma es un código entre dos personas. Para que una broma surta efecto, tiene que hacer gracia en las dos direcciones. Debe hacerle gracia a quien la hace y también a quien la recibe. Si una broma solo es divertida para una de las dos partes, y molesta a la otra, entonces inmediatamente se rompe el código y, por ende, aquello deja de ser una broma. Se convierte en una burla. Eso es lo que nos ocurre a las personas LGTBI a lo largo de nuestra vida. Somos objeto de burlas disfrazadas de bromas, que no nos hacen ninguna gracia, principalmente porque no la tienen.

Pues justo eso me pasaba en la selección. Y rendir al cien por cien es casi imposible cuando no te sientes en un espacio seguro. Ya es lo bastante difícil llegar al máximo nivel de exigencia, a un grupo de gente nuevo, a un equipo construido, tener que demostrar que mereces un hueco y dar todo lo que tienes en cada entrenamiento como para, además, fingir que eres otra persona, tener que encajar esos comportamientos sin que te desestabilicen y luchar en la convivencia con aquellos compañeros. Con veinte años llevar adelante toda esa presión es insoportable. Por una parte, me autoexigía entrar en la selección. Rendir, sacar mi mejor versión y llegar a las grandes competiciones. Pero, por otra, me encontraba con que, sumado a las dificultades propias a las que se enfrenta cualquier deportista, yo tenía unas añadidas que estaban relacionadas con mi identidad. Con quién era. Un extra tan grande y tan importante que hacía que mi cabeza no estuviese donde debería estar. Siempre tuve un lastre mayor y más pesado que cualquier otro compañero. Porque en mi mano de cartas, además de los problemas y preocupaciones normales en un chico de mi edad, véase con la universidad, el deporte, los problemas amorosos, el dinero..., había que añadirle la preocupación más instintiva y vital. Mi verdadero yo estaba escondido. Por eso, cuando de nuevo me vi obligado a ocultar esa parte, y a servir como diana para las burlas de los demás, lo que menos me preocupaba era la selección. Directamente, no quería estar allí. Quería cumplir mi sueño de ser olímpico, pero el precio que estaba pagando, con tan solo veinte años, era demasiado alto.

Muchas veces me pregunto si aquel fue el motivo de que nunca llegase a triunfar en la selección. Supongo que será un conjunto de circunstancias y de otros factores, aunque estoy completamente convencido de que, sin duda, fue algo que influyó en un altísimo porcentaje. Años después, en las formaciones y conferencias que he dado con empresas en el ámbito laboral, me he encontrado con infinidad de personas LGTBI que han vivido situaciones parecidas en sus puestos de trabajo. De verdad, ¿cómo se supone que alguien va a rendir al cien por cien o a realizar sus funciones correctamente si no puede ser él mismo en su trabajo? ¿Cómo se supone que va a poder estar en pleno uso de sus facultades y capacidades alguien que está incómodo en su trabajo por las «bromas» o que no está en un ambiente en el que se sienta feliz por el mero hecho de ser quien es? Es imposible. Precisamente en el deporte la parte más importante de una preparación es la mental. Un deportista mediocre, con un alto grado de confianza, puede ser imparable. Un deportista brillante, con un estado anímico bajo, puede ser vencido por cualquiera. El deporte es un estado de ánimo. Y yo cada vez que pisaba la selección, por mucho trabajo mental previo que hiciese los días anteriores, sentía que no quería estar allí, que no era mi lugar. Mejor dicho, me hicieron sentir que aquel no era mi lugar.

Los años fueron pasando y con el tiempo la gran mayoría de mis amigos sabían que era gay. Fue un proceso paulatino y natural, en el que a medida que iba cumpliendo años, iba estando más seguro de mí mismo y sentía más confianza para abrirme con mi círculo cercano. En el equipo, hubo un momento en el que dejé de esconderme y de mentir. Cuando me preguntaban qué había hecho el fin de semana, dejaba de inventarme cosas y si había estado con unos amigos en Chueca, lo decía. Si, por ejemplo, me etiquetaban en alguna foto en Facebook o Tuenti (la red social que se usaba por aquel entonces) con amigos gais, o en la que se viese alguna pareja, no me desetiquetaba. También dejé de hablar de chicas y de fingir que me interesaban, y por supuesto dejé de querer aparentar ser el más ligón o de besarme con chicas delante de mis compañeros para que viesen lo machito que era. Incluso me sinceré con alguno de mis compañeros más cercanos. Empecé a sacar mi yo real, mi yo más íntimo, el que mis amigos y familia conocían, en todos los ámbitos de mi vida.

Como es lógico, este cambio no pasó desapercibido para mis compañeros de equipo y de selección. En el equipo, no volví a escuchar jamás la palabra maricón, ni a oír ningún tipo de broma de ese estilo. Desapareció como por arte de magia. Entiendo que al pertenecer a un mundo tan pequeño como el del waterpolo, y al dejar de esconderme, la noticia corrió como la pólvora; era *vox populi*. En la selección no fue muy diferente. Las «bromas» cambiaron y tomaron un cariz más parecido al *bullying*. ¿Eres maricón? ¡¡¡Pues dilo!!! ¡Sal del armario ya! Ese tipo de comportamientos cada vez me producían más rechazo y así lo manifestaba con mi actitud. Si antes hacía un esfuerzo por encajar bien ese tipo de situaciones, con los pasos que había dado en mi vida para dejar de ocultarme no entendía por qué debía poner buena cara cuando estaba viviendo algo que no tenía por qué soportar. Estaba harto y si no renunciaba a ir a la selección era porque mi sueño de ser olímpico era más grande y más fuerte que todos ellos. Si quería cumplirlo, tenía que aguantar a esos compañeros. No había otra.

Con este cambio de chip, empecé, por fin, a darle importancia a mi felicidad y no a lo que los demás pensasen. Deportivamente, además, había renovado mi contrato por varios años con mi club, el Canoe, y me había convertido en uno de los jugadores más importantes del equipo. Me sentía bien conmigo mismo, sentía el apoyo de mi familia, de mis amigos, y el respeto de mis compañeros. Aunque tenía ofertas para marcharme de Madrid y jugar fuera, ni siquiera las valoraba. Era feliz en Madrid, con mi gente. Con esos pilares tan firmes, me importaba muy poco lo que los demás dijesen de mí o la situación compleja que pudiese llegar. Sabía que tenía a la gente que me importaba conmigo. Eso siempre facilita las cosas.

En el plano personal, ya tenía muchos amigos y me movía por diferentes círculos. Aquella sensación de soledad o de sentir que no existía nadie como yo se quedó atrás, en una pesadilla lejana, olvidada totalmente. Tenía una gran vida social y la disfrutaba al máximo. Con esas circunstancias, en el año 2014, una noche de verano antes de marcharme de vacaciones, un amigo mío daba una fiesta de cumpleaños en su casa. Fui con mi amigo Javi, que por aquel entonces era mi entrenador, y conocimos a Alfonso Llopart. Se trataba del director de la revista *Shangay*, referente en España en el colectivo LGTBI. También era (y es) una de las personas más influyentes de la comunidad, por no hablar de que el Orgullo de Madrid es el mejor y el más reconocido del mundo a nivel internacional gracias a su trabajo, entre el de otros muchos, por supuesto. La cuestión es que hablando con él sobre lo humano y lo divino, llegamos al gran tema, el deporte. Alfonso me dijo que conocía algunos deportistas gais, pero que nunca se habían atrevido a dar el paso y salir públicamente del armario. Me comentó lo importante que sería que un deportista lo hiciese, de la cantidad de personas a las que ayudaría y de todo el impacto mediático que generaría.

Volviendo a casa, mi amigo Javi me dijo que tenía que salir públicamente del armario, que él lo había visto claro. Yo me eché a reír. ¿Qué necesidad tenía yo de salir del armario? Total, mi familia lo sabía, mis amigos, mis compañeros de equipo o bien lo saben, o bien se lo imaginan... ¿Para qué? Si eso solo podía traerme cosas negativas. A lo que él respondió con un: «Piensa en toda la gente a la que vas a poder ayudar, Víctor». La conversación se detuvo ahí, pero la semilla de lo que más tarde ocurriría estaba sembrada. A lo largo de los siguientes dos años, volví a tener varias veces la misma conversación con Javi, que fue la persona que siempre me incitó y animó a hacerlo. Cada vez que hablábamos del tema, me iba convenciendo un poco más, aunque no terminaba de verlo del todo claro. Sin embargo, ese pensamiento estaba a punto de cambiar y con él, mi vida para siempre.

6

CAPITÁN

Hay ideas que son como un parásito. No lo digo en el sentido despectivo de la palabra, sino atribuyéndole una connotación positiva. Ideas que se meten en nuestra cabeza y, una vez dentro, no nos abandonan nunca más. Puede que al principio solo sean un simple pensamiento que aparece de vez en cuando, pero con el paso del tiempo van creciendo, ganando más y más espacio entre los recovecos de nuestra mente, y acaban empujándonos a llevarlas a la práctica, es decir, a hacerlas realidad.

Esto es exactamente lo que me ocurrió a mí con la idea de salir del armario de manera pública como homosexual en el ámbito deportivo. La conversación que tuve con Alfonso, el director de la revista *Shangay*, sobre lo importante que sería que un deportista profesional diese el paso había conseguido sembrar en mi cabeza la idea de visibilizarme como deportista homosexual. En absoluto las tenía todas conmigo. De hecho, eran muchos más los contras que los pros en mi lista imaginaria, pero desde entonces aquel escenario comenzó a aparecer con frecuencia en mis pensamientos.

A menudo reflexionaba sobre cómo sería hacerlo público. Me imaginaba reacciones positivas, aplausos y elogios... e inevitablemente sonreía, pero también se me venían a la cabeza situaciones más hostiles, rechazo y una vida etiquetada y marcada en negativo para siempre. No terminaba de estar convencido de que algo así pudiese venirle bien a mi futuro, ni como deportista ni como persona.

También acostumbraba a buscar en internet información sobre otros deportistas gais, para saber cómo les había ido. Aparte de cientos de foros con especulaciones sin base sobre futbolistas, no había prácticamente nada. No tenía ningún referente y, por tanto, no tenía con quién compararme. Lo que podría ocurrirme a continuación de visibilizarme era una página en blanco. No tenía ni la más remota idea de qué me podía pasar.

Por ese motivo mi salida pública del armario no fue inmediata, ya que durante dos años viví un proceso de autoconvencimiento y de deconstrucción sobre, no solo lo que significaba dar un paso de tal magnitud, sino también sobre lo que significaba ser un chico homosexual.

En aquel momento de mi vida, con veintitrés años, me sentía completamente pleno. Había dejado atrás, o eso creía, muchos de los lastres que durante años arrastré. Si bien no se lo había contado a mucha gente, sentía que no era necesario, puesto que con dejar de fingir que era otra persona bastaba. Pensaba que, teniendo a mis amigos de mi lado, a mis compañeros de equipo más allegados, y el apoyo y cariño de mi familia, no necesitaba más.

De hecho, mi discurso con mi entorno era ese. Había asimilado como propio el argumentario tan manido de «yo soy como soy y no tengo por qué ir pregonándolo». Poco me importaba la situación del colectivo o de otras personas, siempre y cuando la mía propia fuese favorable. Recuerdo incluso que cuando llegaba el mes del Orgullo y se sucedían las manifestaciones, reivindicaciones y celebraciones, las miraba un poco con recelo, a pesar de disfrutarlas. Utilizaba otra frase y argumento usado hasta la extenuidad: «Estoy orgulloso de ser como soy los 365 días del año, no solo 1» o «A mí el Orgullo no me representa».

Todavía no tenía la capacidad de entender qué se escondía detrás de esos pensamientos. Viéndolo con la perspectiva que te da el tiempo y desde la experiencia, me doy cuenta de lo equivocado que estaba, pero también lo veo como algo lógico. Después de tantos años escondido detrás de un personaje, fingiendo ser otra persona, había podido liberarme de ello y sentía que mostrándome tal y cómo era, siendo yo mismo, encajaba en la norma. Tras mucho tiempo, no me sentía discriminado por ser y, y, por tanto, me dediqué a disfrutar de aquella posición.

Por supuesto que no era consciente de que, en el fondo, eso no era encajar en la norma ni ser yo mismo. No se le parecía en absoluto. Simplemente se trataba de una realidad en mi cabeza en la que me sentía cómodo. Manifestar cierto rechazo al Orgullo y otras proclamas LGTBI era la respuesta natural a sentir que encajaba donde nunca lo había hecho, incluso dejando ver la parte que siempre me había avergonzado.

Pero no era capaz de ver que aquel pensamiento no era, sino otro intento de suavizar mi identidad por miedo a volver a salirme de la norma. Detrás de esas afirmaciones estaba el complejo a desentonar y volver a ser señalado. Nuevas inseguridades. Se trataba exactamente de la misma situación, pero en una fase más avanzada. Otra forma de seguir engañándome a mí mismo, aunque esta vez sin ser consciente de ello.

Siempre he tenido la suerte de rodearme de gente más mayor y con perspectivas vitales más enriquecedoras. Reconozco que, a menudo, los amigos de mi edad solían aburrirme, porque, aunque me lo pasaba bien, tenía la sensación de que eran más críos. Así, un reflejo de que no andaba muy equivocado es que fui capaz de establecer nuevas amistades con gente más mayor que yo. Es sabido que cuando existe una diferencia de edad considerable, o la persona tiene una mente y personalidad más inmaduras, desentona claramente en el grupo. A mí eso jamás me pasó. De hecho, era algo que mis amigos me recordaban de tanto en tanto, lo amueblada que tenía la cabeza y lo maduro que era para mi edad.

Rodearme de gente con otros puntos de vista y escucharlos, revivir sus experiencias y aprender de ellos me hizo cambiar radicalmente el pensamiento que tenía. El punto de inflexión llegó cuando, una tarde, una pareja de amigos que había vivido la represión franquista en su carnes me escuchó hablar en aquellos términos sobre el Orgullo. Enseguida me preguntaron por qué creía que las personas homosexuales podían casarse hoy en día, ir de la mano con sus parejas o darse un beso en público. Desde luego, todas esas cosas no se habían conseguido solas. Que tus propios amigos te afeen una conducta es casi peor a que lo hagan tus padres, por lo que me quedé callado y sin respuesta. Por supuesto, siguieron hablando con la intención de que entendiera la magnitud de lo me que negaba a reconocer. Y es que para que nosotros (refiriéndose a mí y a mi generación) pudiésemos hacer esas cosas como cualquier otra persona, antes hubo mucha gente que luchó por ello. Gente que en su lucha arriesgó todo lo que tenía. Gente que había corrido delante de la policía, perseguida, que había dormido muchas noches en el calabozo por estar en un club de ambiente tomándose una copa. Personas que habían sufrido palizas, que habían perdido su trabajo, su casa, su familia y, desgraciadamente, incluso la vida. Después de oír esto, claro que podía decidir quedarme en casa el Día del Orgullo, pero no debía olvidar que para que yo pensara que no hacía falta salir a manifestarse, antes hubo miles de personas que habían luchado para que yo pudiera elegir. Para que hoy fuese más libre. «Nosotros saldremos a reivindicar su lucha, todo lo que hemos conseguido y a gritar por todo lo que nos falta por conseguir», me dijo el otro miembro de la pareja.

Esas palabras y la conversación que mantuvimos inmediatamente después se me grabaron a fuego y hoy aún la recuerdo. Me quitaron la venda de los ojos y me hicieron comprender que era un privilegiado. Que no había luchado ni un ápice por los derechos y libertades de los que disfrutaba. Los había heredado. Era heredero de los privilegios de la lucha de otros.

No nos gusta que nos llamen privilegiados. Existe una connotación negativa alrededor de la palabra que nos ofende. Porque todos sentimos que nuestra vida no ha sido fácil. Todos hemos tenido que enfrentarnos a ciertas dificultades y salir adelante. Y es cierto. Nuestra salud, nuestro físico, la muerte de algún ser querido, dificultades académicas, económicas, laborales, amorosas... Cada uno tenemos una vida con sus circunstancias particulares y, aunque podamos compararlas con otras y nos demos cuenta de que hay gente con menos suerte, también vemos personas más afortunadas, por lo que damos argumentario a ese pensamiento. Siempre hay alguien peor, también alguien mucho mejor.

Sin embargo, requiere un poco de autocrítica y reflexión el ser conscientes de que muchos de nosotros somos privilegiados y vivimos sin saberlo. Yo lo era, pero no me percaté de ello. Sí, evidentemente mi camino había sido difícil, porque había tenido que esconder quién era y llevarlo con dolor y vergüenza durante muchos años. Pero siendo sincero y poniendo las cosas en perspectiva, me di cuenta de que estaba en una posición privilegiada. No había sufrido un acoso extremo, tenía el apoyo de mi familia y amigos, estudiaba y me dedicaba a mi mayor pasión, el waterpolo.

Mi camino no había sido fácil, pero... ¿y el de los demás? Como durante tanto tiempo pensé que era el único en el universo al que le pasaba aquello, no me había parado a pensar en que había otros chicos y chicas como yo, pero todavía más desafortunados. Chicos a los que pegaban o insultaban diariamente en el instituto. Chicos y chicas con familias que no les aceptaban, que les echaban de casa o amenazaban con llevarles a terapias para curarles. Chicos y chicas que se veían obligados a dejar el deporte.

¿Y cómo habría sido mi vida hace treinta años? Sin haber podido dejar atrás ese personaje, ese miedo y esa vergüenza. Sin ninguno de los apoyos que tenía hoy día. De repente, me sentí muy pequeño en el mundo. No había hecho nada para merecer lo que tenía. Aun así, tampoco hay que mortificarse con el tema del privilegio. Basta con ser consciente de ello. Creo que estaremos todos de acuerdo en que hay personas en esta sociedad que lo tienen más fácil que otras. Que tienen más privilegios que otras. Estamos estructurados de manera piramidal y, salvo excepciones, así funcionamos. En la cúspide de la pirámide está el hombre, blanco, cis[1] y heterosexual. Después, la mujer. En otro escalón, las personas LGTBI; en otro, las personas racializadas, y en el último escalón, las personas con discapacidad. Esto es, a grandes rasgos, como yo distribuyo la pirámide del privilegio. Existen multitud de disidencias o factores que hacen que el privilegio varíe, como el físico, la posición económica... Pero creo que nadie duda que un hombre, cis, blanco y heterosexual lo tiene más fácil que un chico trans o que una mujer racializada. O que yo, como hombre, cis, blanco y gay lo tengo más fácil que un chico con discapacidad o que una mujer lesbiana. Dentro del propio colectivo, también existe esta realidad. Es transversal. Es así como

1. El prefijo CIS-, del latín «de este lado», «de aquí», es el antónimo al prefijo también de origen latino trans (a través, más allá).

Cisgénero, cisexual o cis, de manera abreviada, es la palabra utilizada para referirse a una persona cuya identidad de género y cuyo sexo asignado al nacer son correspondidos.

Lo opuesto a una persona cis es una persona trans, cuya identidad de género no coincide con el sexo que le fue asignado al nacer. (N. del a.)

está estructurada nuestra sociedad. Por supuesto que el colectivo LGTBI no escapa a ella y, dentro de la comunidad, los hombres cis, blancos y gais se llevan el foco, pues gozan de más privilegios que el resto de las realidades del colectivo.

Asimismo, existen infinitos motivos para ejercer la discriminación. Por ser mujer, por ser homosexual, por ser negro, por estar en silla de ruedas... Cuantas menos características de estas tengas, menor será el grado de discriminación. ¿Esto quiere decir que todos los hombres, cis, blancos y heteros disfrutan de ese privilegio sobre el resto? Claro que no. Como en todo, hay muchísimas excepciones. Pero debemos de ser conscientes del lugar que nos toca ocupar en el escalafón y desgranar las dificultades a las que otras personas se enfrentan hasta llegar al último escalón, que sería ser una mujer, trans, racializada y en silla de ruedas. El pack completo de la discriminación: por mujer, por trans, por racializada y por discapacidad.

Yo me di cuenta de que, efectivamente, estaba en una situación de privilegio frente a muchísima gente, incluida la del colectivo LGTBI. A pesar de mi propia historia, y de las dificultades a lo largo de mi vida, no puedo evitar pensar que hay otras personas con historias y situaciones infinitamente más dramáticas que la mía que se cambiarían por mí sin pensarlo, que cambiarían su sufrimiento por el mío. Por eso no tengo miedo a reconocer que soy un privilegiado, ya que el problema no es ser alguien privilegiado, sino decidir qué hacer con ese privilegio.

Lo había tenido delante de mí durante los últimos años. Era deportista de élite, pese a no haber salido del armario, la grandísima mayoría de mis compañeros de equipo y de profesión sabían que era gay y estaba viviéndolo con cierta normalidad. En líneas generales, me sentía respetado. La visibilidad de personas LGTBI brillaba por su ausencia en el deporte y yo tenía la oportunidad de poder cambiarlo. Tenía la oportunidad de convertirme en el referente que nunca tuve y que me hubiese gustado tener.

Y es que tanto mi generación como las anteriores crecimos sin referentes visibles LGTBI, en especial, en el mundo del deporte. Cuando tenía catorce o quince años y miraba cuántas personas homosexuales había en el fútbol, en el waterpolo, en el baloncesto... y no veía a ningún deportista como yo, automáticamente pensaba que iba a ser incapaz de llegar a la élite deportiva. Que ser como era me lo impediría. Ese era el erróneo mensaje que recibía.

Como siempre digo, lo que no se ve es como si no existiera. Por eso es tan importante visibilizar a las personas LGTBI en todos los espacios. El argumento contrario que tantas veces escuchamos proclama que las personas heterosexuales no van diciendo que lo son y que si la comunidad LGTBI busca la normalización eso es lo que deberíamos hacer, en lugar de ponernos etiquetas.

Esta reflexión es tan poco profunda como equivocada. Cierto, las personas heterosexuales no van diciendo que lo son, pero porque no les hace falta. Existe una presunción de heterosexualidad que está completamente extendida en nuestra sociedad. Todas las personas que encajan en la norma, y que no poseen ningún rasgo o seña que las identifique como disidentes, inmediatamente son etiquetadas como heterosexuales en el imaginario colectivo.

De esta manera, es habitual que a un chico le pregunten si tiene novia, o se le hable de chicas como si por su apariencia diéramos por hecho que esos son sus intereses. Lo mismo, aunque a la inversa, ocurre con las mujeres, por las que automáticamente asumimos que tienen intereses hacia los hombres, sin ni siquiera pararnos a pensar en que quizá pueda ser una chica lesbiana o bisexual y que, por tanto, deberíamos reformular la pregunta.

Esta realidad se sucede a lo largo de toda la vida de las personas LGTBI. Incluso cuando estamos fuera del armario en nuestras casas, con nuestros amigos y en el trabajo, sigue pasándonos en los nuevos ámbitos o círculos en los que nos relacionamos. Nos pasa cuando nos presentan a gente nueva, cuando conocemos a un nuevo compañero de trabajo o cuando tratamos con personas ajenas a nuestro entorno.

Soy incapaz de recordar el número de veces que, montado en un taxi, mientras hablaba con el conductor durante un trayecto, este asumía mi heterosexualidad y me preguntaba por chicas o posibles novias. En momentos así siempre pensaba en si merecía la pena interrumpir la conversación y decirle «bueno, a mí me gustan los chicos», o simplemente seguirle el rollo hasta acabar el trayecto. Este ejemplo puede parecer completamente banal, pero en el fondo es la clara muestra de que, incluso habiendo derribado las puertas de los armarios hace años, hay momentos en los que volvemos a ellos. O bien por pereza y no andar dando explicaciones, o bien por miedo a no saber cuál puede ser la reacción de la otra persona al decirle nuestra orientación, o por vergüenza de no incomodar a la otra persona; al final, lo dejamos estar y volvemos al armario, aunque sea por unos minutos.

Evidentemente, no es un problema de gran magnitud, pero sí se trata de una realidad muy presente en nuestras vidas que desgasta y con la que convivimos, en muchos casos, hasta el final de nuestros días. Las personas LGTBI estamos sometidas a una constante reivindicación de nuestra identidad, ya que la presunción de heterosexualidad está tan extendida que se da por hecha.

Todo sería mucho más sencillo si, en lugar de asumir que todas las personas del universo son heterosexuales mientras no se demuestre lo contrario, no diésemos nada por sentado, y en el planteamiento de nuestras preguntas dejásemos un resquicio de duda sobre estas cuestiones. Al final se resume en cambiar la palabra «novio» o «novia» por «pareja». Y todos contentos.

De esta forma no incomodaríamos a nadie y dejaríamos en manos de la otra persona el decidir si quiere darnos alguna explicación o no, sin invadir su intimidad, aunque no sea de manera premeditada. Precisamente por este motivo se desmonta en un segundo el argumentario de que las personas heterosexuales no van contando por ahí que lo son. No lo hacen porque no lo necesitan. Las personas LGTBI sí tenemos que reivindicar nuestra existencia todos los días, en situaciones tan normales y cotidianas como coger un taxi o contarles a nuestros compañeros de trabajo qué hemos hecho el fin de semana. Si no lo hacemos, automáticamente nos invisibilizamos. Y, como he dicho antes, lo que no se ve es como si no existiera.

Todo esto se multiplica exponencialmente en el mundo del deporte. De nuevo, los deportistas heterosexuales tampoco necesitan decir que lo son. Conocemos a sus novias porque a menudo aparecen en las noticias de los diarios deportivos, son objeto de interés para los programas del corazón o los vemos con ellas en las alfombras rojas de estrenos y premios. Es decir, sabemos que los deportistas tienen una vida privada que, en realidad, no lo es tanto. Así, reducir la homosexualidad a la vida privada es tan simplista como homófobo. «A mí me da igual lo que haga cada uno, pero en su intimidad.» Eso se traduce en reducir la orientación sexual a la práctica sexual pura y dura. Sin más. Cuando un futbolista cuelga una foto en Instagram cenando con su novia, es su vida privada, pero no lo es. Al publicarla está compartiendo su intimidad. Y lo vemos como algo absolutamente normal. ¿Acaso hace lo mismo un futbolista homosexual? No. Por tanto, vemos como la presunta igualdad que existe entre homosexuales y heterosexuales en cuanto a la exposición pública no es la misma. Mientras que uno la vive con absoluta normalidad, otro la vive de manera oculta, sobre todo, en el deporte. Por ello es necesaria la visibilidad LGTBI en el ámbito deportivo. Por la necesidad de referentes de la propia comunidad LGTBI. Entretanto, existen sectores, como los medios de comunicación, la política, el cine o la música, en los que hay numerosos referentes que con su simple presencia reivindican nuestra existencia, si bien en el mundo del deporte no ocurre lo mismo.

Cuando reflexioné sobre todas estas cuestiones, en cierta manera me puse en los zapatos de mi yo de quince años y pensé en lo mucho que me hubiese ayudado a quererme, entenderme y aceptarme el ver a un deportista gay decir que lo era. Y me di cuenta de que tenía en mis manos la llave para abrir la puerta que otros chicos y chicas tenían cerrada. No obstante, a lo largo de mi carrera deportiva y de mi vida académica he recibido infinidad de charlas; tanto en el colegio, en el instituto como en los diferentes equipos en los que he estado, han venido a hablarnos sobre muchísimos temas. He recibido charlas de prevención de drogas, de hábitos alimenticios, formaciones sobre dopaje..., pero hay algo de lo que nunca oímos nada: de la diversidad sexual. Recibir una charla en el instituto sobre diversidad sexual habría significado para mí ver la luz al final del túnel. En aquella etapa en la que, siendo adolescente, viví todo de manera tan confusa, afrontando con miedo cada paso que daba y sin tener ninguna información, que hubiese venido un profesional a explicar qué es la orientación sexual, la identidad o la expresión de género habría supuesto un chute de autoestima, de conocimiento y, sobre todo, me habría ayudado a entender que no me pasaba nada malo. Que no estaba solo.

Ese tipo de formaciones en colegios, centros educativos y en el deporte base sirve para educar a los más jóvenes en valores de respeto, tolerancia y diversidad. No es más que enseñar que la diversidad nos rodea y que no tiene nada de malo. De esto no solo se benefician los menores LGTBI que puedan estar pasando por situaciones complicadas en su interior, o de acoso en casa o en el colegio, sino que, además, son de un valor vital para los jóvenes heterosexuales. Porque de esta manera comprenderán que no hay nada de malo en tener un compañero trans o una amiga lesbiana.

A propósito de estas charlas, años después tuve la oportunidad de formarme como educador en deporte y diversidad por la Comunidad de Madrid. Tras recibir la formación, compaginé con el waterpolo dar charlas y hacer ponencias sobre diversidad afectivo sexual y deporte. Trabajé con federaciones, clubes, asociaciones y también con empresas como Google, Correos, ING... A lo largo de los años fui descubriendo que el público adulto era siempre más complicado, pues suele estar cargado de más prejuicios y estereotipos. Sin duda alguna, de las innumerables intervenciones que he tenido en esta materia, la más especial fue la que hice en el IMDER, en el año 2018. El jefe de estudios se puso en contacto conmigo, ya que había un chico que estaba sufriendo acoso por ser gay.

Hablar de estos temas a chicos y chicas de entre dieciséis y dieciocho años, deportistas, en las mismas aulas en las que años atrás yo había estado sentado, fue muy emocionante. Estoy especialmente orgulloso de haber podido ser el ponente y la persona encargada de sensibilizarles con el colectivo LGTBI, pero también de notar esa reacción y ese cambio en la dinámica de actuación del IMDER. Que viesen una situación de acoso por este motivo y decidiesen atajarlo resultó esperanzador. En mis charlas, los menores se mostraron predispuestos a escuchar, aprender y empatizar con las distintas realidades. Era habitual que hubiese jóvenes intoxicados con ideas LGTBIfóbicas que traían de casa o de otros entornos; sin embargo, no las exteriorizaban por convicción, sino por desinformación. Por ello, la mayor arma para desarticular la LGTBIfobia, el machismo, el racismo y todos los comportamientos que atentan contra la dignidad de las personas y contra los derechos humanos siempre ha sido y será la educación.

A veces no somos conscientes de lo importante que es poder vivir sin miedo. Entre otras cosas, ese fue uno de los principales motivos por los que, en 2016, decidí dar el paso y salir públicamente del armario. Porque, por desgracia, la mayoría de las veces que hablamos del colectivo LGTBI y del deporte lo hacemos por algo negativo. Es decir, porque conocemos la noticia de algún deportista que ha sufrido acoso o insultos por parte de la grada, porque alguien se ha visto obligado a dejar el deporte por sufrir LGTBIfobia, etcétera.

Os aseguro que cuando eres alguien del colectivo LGTBI y ves lo que otros reciben por ser visible lo último que se te pasa por la cabeza es salir del armario. Por eso quise dar el paso. Porque quería contar mi historia desde una perspectiva positiva. Quería arrojar algo de luz entre tanta oscuridad. Pensaba que eso era lo que el deporte necesitaba. Lo que los chicos y chicas más jóvenes necesitaban ver y escuchar. Que había que perder el miedo. Tenía muy claro el mensaje que quería lanzar: merece la pena ser tal y como eres, sin miedo. Se puede hacer deporte siendo una persona LGTBI. Se puede llegar a la élite del deporte siendo homosexual, siendo LGTBI. Se puede.

Es cierto que la realidad que había vivido hasta el momento era bien diferente, aun así, tenía dos opciones: una, contarla de manera cruda y ser un mensaje denuncia, absolutamente necesario; o dos, poner el foco en todo lo bueno, que también lo había, y tratar de ser un referente positivo, aunque eso supusiese «endulzar» u omitir ciertas realidades para darle todo el protagonismo al mensaje inspirador. La cuestión era que, dentro de mí, sentía un fuego que me empujaba a dar ese paso. Una tarde de marzo, poco después de mi cumpleaños, quedé con mi amigo Javi y mientras tomábamos algo en una terraza le dije que llevaba ya un tiempo pensándolo y había decidido que lo iba a hacer. «Me voy a tirar a la piscina».

Y vaya si lo hice.

7

MVP

Lo que no se ve es como si no existiera y en España, allá por 2016, no había ningún deportista abiertamente LGTBI que fuese visible. Claro que había otros y otras como yo, aunque ninguno había dado el paso. Esa gran barrera psicológica forjada con miedos e inseguridades parecía infranqueable para el mundo del deporte. Pero algo había cambiado en mí y estaba decidido a romper esa dinámica. Tras casi dos años con la idea germinando en mi cabeza, vi claro que quería convertirme en ese referente que nunca tuve. Y es que a lo largo de mi vida y, por ende, de este libro, hay un *leitmotiv*: la falta de referentes LGTBI en el mundo del deporte. Esta es una de las causas que me han llevado hoy hasta aquí, en lo público y en lo personal, sentía que era una cuenta pendiente del colectivo y, en particular, mía. Alguien tenía que darle un referente deportivo al Víctor de ocho años que solo encontraba destellos referenciales en el mundo de la televisión y el entretenimiento. ¿Por qué solo en ese ámbito? ¿Por qué no somos visibles en todos los ámbitos si existimos en todas y cada una de las partes de este planeta? Pues bien, había llegado el momento de dejar de hacerme tantas preguntas y empezar a dar más respuestas.

La misma tarde que quedé con mi amigo Javi para decirle que había decidido dar el paso y visibilizarme públicamente, le escribí un mensaje a Alfonso Llopart, director de la revista *Shangay*, para pedirle que nos reuniéramos. No le adelanté nada de lo que había pensado, pues quería contárselo en persona, pero habían transcurrido un par de días sin recibir respuesta y le volví a escribir para comentarle cuál era mi idea. No tardó ni cinco minutos en llamarme. Cuadramos una reunión esa misma semana y me acerqué a la redacción de la revista. Allí conocí a todo el equipo y estuvimos hablando tranquilamente sobre la posibilidad de hacerlo con ellos. A menudo, mucha gente me pregunta que por qué elegí la revista *Shangay* en lugar de hacerlo en un periódico de tirada nacional. La realidad era que, aunque conocía a algún periodista en medios generalistas, pensaba que en un medio LGTBI cuidarían mucho más el contenido. Y no me equivoqué.

Shangay es el medio de referencia de la comunidad LGTBI en español. Una revista pionera en España con casi treinta años de experiencia. Por sus portadas han pasado todo tipo de personalidades, tanto LGTBI como aliadas, a lo largo de las tres últimas décadas. Yo sabía que ponerme en sus manos iba a significar que cuidasen el reportaje, la entrevista, el *shooting* fotográfico... Al dedicarse a ello, el mimo y la sensibilidad irían acorde a lo que yo quería contar, por tanto, se reflejaría en el resultado final.

Además, una vez tomada la decisión de salir públicamente del armario no quería que fuera algo descafeinado, sino que esa salida tuviese la mayor repercusión posible. Me había costado llegar al punto de querer dar aquel paso y, ya que lo iba a hacer, tenía claro que debía ser a lo grande, teniendo toda la trascendencia para que llegase a cuanta más gente, mejor. Era consciente de que, siendo jugador de waterpolo, una disciplina minoritaria, y sin apenas foco mediático, debía dar los pasos correctos si quería cumplir mi objetivo. Sabía que haciendo aquel reportaje en un periódico como *El País* o *El Mundo* o en *Marca*, también trascendería, pero lo más probable es que me dedicasen una página acompañada de una única foto. En cambio, en *Shangay*, estaba convencido de que, además de que la entrevista sería más extensa, me harían un amplio reportaje fotográfico y, al ser un medio LGTBI, me sentiría más cómodo contando mi historia.

Siempre he tenido claro que el contenido del mensaje es tan importante como la manera y la forma en que lo cuentas. El mismo mensaje hubiese llegado de un modo diferente si lo hubiese hecho a través de una publicación de Instagram, por ejemplo, o mediante otro medio de comunicación. Iba a exponerme ante millones de personas, sin saber aún si lo que vendría después sería bueno o malo, por eso no dudé en que la manera de hacerlo tenía que atraer el mayor foco posible. Así, el equipo de *Shangay* me comentó que pretendían hacer de aquel reportaje la portada de la revista del mes de mayo. Me consultaron si estaba de acuerdo, pero no entendí muy bien cuál era la pregunta. Resulta que al ser portada la noticia no iba a tener el mismo impacto que si estuviera en el interior, es decir, que la repercusión iba a ser mucho mayor. Yo acepté sin saber si estaba preparado para algo así. No tenía ni la más remota idea de lo que sucedería en el instante posterior a la publicación de aquella bomba y, desde luego, nada puede prepararte para lo desconocido, pero respondí lleno de ilusión y convicción.

Una vez terminada la reunión y sobre todo quedándome tranquilo sabiendo que iban a cuidar el reportaje, lo organizamos todo en dos partes: un día grabaríamos la entrevista en la redacción de la revista, y otro día haríamos el reportaje fotográfico en las instalaciones del M-86, la piscina en la que tantos años había entrenado en el IMDER. La primera fue fácil, ya que tenía el mensaje que quería transmitir bastante claro, y además siempre se me dio bien comunicar y hablar en público. Sin embargo, recuerdo perfectamente los nervios con los que llegué a la piscina del M86 para hacer el reportaje fotográfico. El contenido del mensaje era lo más importante, pero acompañarlo de unas fotos potentes era vital. El resultado final dependía de ello, y aunque yo había hecho alguna que otra sesión, no estaba acostumbrado a posar como un modelo. Le pedí a mi amigo Javi que me acompañase, puesto que había sido el gran impulsor de aquella salida pública. Para las fotos me llevé varios bañadores, gorros, algunas medallas, un balón de waterpolo... *Shangay* también llevó algunos cambios de vestuario para darle un toque de moda al reportaje. Por suerte, tanto Nacho Fresno, el subdirector de la revista *Shangay* con el que desde aquel día guardo una excelente amistad, como todo el equipo, me cuidaron muchísimo y me hicieron sentir cómodo. Me lo pasé genial durante las fotos y la grabación, tanto que al final disfruté de la experiencia.

Con la entrevista grabada y el reportaje hecho, solo quedaba esperar a que saliese publicado el siguiente mes. Los más de treinta días de espera se me hicieron eternos. Tenía la misma sensación que cuando haces muy bien un examen y estás a la espera de la nota para ver qué has sacado. De repente, la tarde del viernes 25 de mayo de 2016, Alfonso me mandó un WhatsApp con un taco de revistas recién salidas del horno que se iban a distribuir ese mismo día. En la portada se me veía con el gorro y el bañador de la selección española, con varias medallas al cuello y el balón de waterpolo entre las manos. El titular rezaba «Espero que mi salida del armario sirva para romper un tabú dentro del deporte». En cuanto vi que aquella portada materializaba la vaga idea de hacía solo unos años, que ya era una realidad, y me percaté de que estaba a escasos minutos de ver cómo cambiaba mi vida para siempre, entré en pánico. Estaba en mi habitación, tumbado en la cama y un escalofrío recorrió todo mi cuerpo. Comencé a preguntarme si había hecho lo correcto. Como cada vez que he dado un paso importante en mi vida, esa pequeña parte de mí que siempre quiere autosabotearme salió a la luz. Me asaltaron las dudas y las inseguridades. En mi interior apareció la idea de que esto no había sido buena idea, que iba a marcarme de por vida y que las cosas me iban a ir mal. Todo el mundo que me conoce dice que soy una persona muy segura de sí misma. Y es cierto, soy alguien con mucha autoconfianza, pero eso no significa que no tenga mis propias inseguridades, como el resto de los mortales. No obstante, es humano que cuando nos enfrentamos a lo desconocido, esa parte quiera salir a flote y hacernos dudar. Tiene que ver con el miedo irracional de no poder controlar lo que llega. Con salir de la zona de confort y el vértigo que a veces nos dan los cambios. En ese momento supe que mi vida iba a cambiar para siempre; aún estaba por ver si para bien o para mal, pero tenía claro que aquel era un punto de no retorno.

Sin embargo, no hay nada mejor que conocerse a uno mismo para gestionar correctamente estas situaciones. Me tumbé en la habitación y cogí aire. Respiré profundo y empecé a pensar. «Víctor, esto no ha sido una decisión en caliente. No es un calentón. Llevas mucho tiempo pensando en hacerlo. Piensa en la cantidad de chicos y chicas a las que vas a poder ayudar, a los que vas a poder servir de ejemplo. Piensa en ti cuando tenías trece años. Esto es una decisión sopesada». Efectivamente, esa portada era el resultado de un paso muy meditado y consciente. De repente, el miedo escénico comenzó a desaparecer y las voces de inseguridad a callarse. Los complejos se transformaron en nerviosismo. En ganas de saber cuáles serían las reacciones. En impaciencia. Volví a coger el móvil, guardé la foto de las revistas que Alfonso me había mandado, abrí Instagram y seleccioné la foto para subirla. Comencé a escribir:

«Este es el resultado de una decisión valiente y sopesada. Me costó decidirme, pero estoy orgulloso de poner mi granito de arena en la visibilidad gay en el deporte. Gracias a mi familia que siempre me ha apoyado, a mis amigos incondicionales que han estado a mi lado, al equipo de *Shangay* por el cuidadísimo reportaje y a todos aquellos que de una manera u otra me han hecho ser la persona que soy. Y, sobre todo, a Javier Cáceres, por ser la cabeza pensante y darme las fuerzas que necesitaba para dar este paso al frente. Este soy yo. ¡Abrazos y besos para todos!».

Lo siguiente fue darle al botón de «publicar». Observé atónito cómo la barra superior que indicaba que el post se estaba subiendo se rellenaba. Cuando se completó, y la palabra «publicado» apareció, pensé «ya está hecho». Bloqueé el móvil y me quedé sentado esperando las primeras reacciones. Enseguida vi cómo la pantalla se iluminaba y las notificaciones y los WhatsApp no dejaban de sucederse. A los pocos segundos, llegó la primera llamada. Duró pocos segundos. Era un íntimo amigo mío para darme la enhorabuena. Fui mirando sucesivamente tanto Facebook como Instagram, las dos redes en las que compartí la publicación, para comprobar que todos los mensajes que estaba recibiendo eran positivos. Palabras de cariño, de apoyo, de ánimo. Amigos que aplaudían mi valentía, compañeros que me mandaban su energía, rivales, antiguos compañeros de clase... Gente con la que hacía años que no hablaba y que también me escribió. El móvil no dejaba de sonar e iluminarse. Yo seguía en *shock*. Aún con las pulsaciones altas, sin salir de mi habitación. Sentía que allí estaba seguro. Tardé varios minutos en salir, pues de alguna manera sentía que era el único espacio del mundo en el que estaba a salvo, porque sabía que después de lo que había hecho, una vez cruzase aquella puerta, nada volvería a ser igual. Quise aferrarme lo máximo posible a esa sensación. Una mezcla de nostalgia y de soledad. De tranquilidad dentro del huracán que acababa de desatarse. Puse el móvil en silencio, me tumbé en la cama y cerré los ojos; respiré profundamente y no pude evitar sonreír. Sí, ya estaba hecho. Salí de la habitación y, como no podía ser de otro modo, mi madre acababa de ver la publicación. Vino a darme un abrazo y la enhorabuena.

La revista se distribuyó a nivel nacional. Se trataba de una revista gratuita que *Shangay* entregaba a locales, restaurantes, bares, tiendas y negocios LGTBI. Como sabían que aquella portada iba a dar mucho que hablar, duplicaron las ediciones y no había establecimiento en Chueca que no tuviese varios ejemplares. Me contaron que volaron. Esa misma noche quedé con Javi y un grupo de amigos, precisamente en Chueca, para celebrarlo y noté de inmediato que la gente comenzaba a reconocerme, hasta hubo quien se acercó a pedirme fotos. El camarero del primer local al que entramos vino con un ejemplar de la revista para que se lo firmase. Todo el mundo que esa noche me dijo algo o se quiso hacer una foto conmigo fue totalmente encantador y cariñoso.

Asimismo, ese mismo fin de semana me llamaron de muchísimos medios de comunicación para cuadrar entrevistas. *El País*, *El Mundo*, *Marca*, *As*, la cadena SER... Atendí a todos los medios que pude por teléfono y organicé las grabaciones para la semana siguiente y no antes, pues necesitaba coger un poco de aire y tomar perspectiva de todo lo que estaba a punto de llegarme. Pensé que era buena idea marcharme ese fin de semana con unos amigos a Londres a visitar a una de mis mejores amigas. Mi sorpresa fue mayúscula cuando, incluso estando en un país extranjero, dos personas me reconocieron. La estancia de tres días en Londres me vino genial para alejarme un poco de todo el ruido y visualizar qué camino quería tomar. Además, me permitió rodearme de gente que me quería para cargar las pilas. Sin embargo, el ritmo fue frenético a la vuelta. Hice entrevistas para TVE, La Sexta, Telecinco... cada día fueron una media de cuatro o cinco entrevistas. Decía que sí a todo. Tenía claro que, ya que había dado el paso, cuanta más repercusión tuviese, más impacto generase y a más gente llegase, mejor. Creo que lo hice bien hasta cuando llegaron a mandarme enlaces de la noticia en otros países. Medios de Rusia, Brasil o Australia se hicieron eco de mi salida del armario. Verdaderamente, fue un *boom*.

En redes sociales también viví aquella locura. En Instagram, por ejemplo, pasé de tener dos mil seguidores a llegar rápidamente a los diez mil. En Twitter también alcancé una gran audiencia en unos días. Por aquel entonces usaba Facebook y tuve que cambiar mis apellidos en mi cuenta personal y abrirme una página oficial. Sin embargo, más allá del anecdótico crecimiento de seguidores, una de las mejores cosas que me trajo el hacerme visible fue que me permitiese acercarme a otras personas. A través de las redes, miles de chicos y chicas me escribían para contarme sus historias. Hoy en día, seis años más tarde, sigo recibiendo cientos de mensajes así. Chicos que me cuentan que gracias a conocer mi historia hallaron la fortaleza para salir del armario con sus padres. Chicas que gracias a mi mensaje se visibilizaron en clase o gente que pudo ver en mí un referente y encontrar su espacio en el deporte. De todas las cosas positivas que me ha traído visibilizarme y romper aquel tabú en el ámbito deportivo, sin duda alguna, me quedo con esto. Con la indescriptible sensación de saber que, con mi testimonio, he podido ayudar a chicos y chicas a dar pasos en su vida. A ser valientes, a comprender que deben estar orgullosos de ser tal y cómo son y, sobre todo, a ser felices.

Tras leer muchas de aquellas historias, de nuevo llegué a la conclusión de que era un privilegiado. Fui consciente de la magnitud del problema. De la cantidad de gente que sufre por el mero hecho de ser tal y como es. Del ingente número de jóvenes que sufren en silencio agresiones diarias, insultos y vejaciones en el colegio, en los vestuarios, por ser homosexuales o personas trans. Del horror al que tienen que enfrentarse miles de personas en casa, escuchando cómo sus padres amenazan con llevarles a terapias de conversión para «curarles». De la pesada careta que muchas personas adultas llevan arrastrando toda su vida, incapaces de salir del armario en sus trabajos o con sus familias. De hecho, una de estas historias la viví muy de cerca. Resulta que, por aquel entonces, en 2016, estaba terminando las carrera de periodismo y comunicación audiovisual. Estaba a punto de entregar mis trabajos de fin de grado y mantenía reuniones paulatinas con mi tutor para que me orientase. Se llamaba Magü y debía tener treinta y muchos o cuarenta. No había tenido la oportunidad de disfrutar mucho de sus fantásticas clases, ya que coincidían casi siempre con los horarios de mis entrenamientos, pero el tiempo que pude ir fue suficiente como para que le pidiese que por favor fuese él mi tutor del TFG. Así, unas semanas después de la portada de *Shangay*, tuvimos una tutoría para encarar el tramo final del TFG. Cuando acabamos la reunión, me contó algo que aún hoy sigue poniéndome la piel de gallina. Me dijo que al verme en la portada se había animado a salir del armario con sus padres. Y es que se había dado cuenta de que era muy fuerte que un alumno suyo hubiera tenido el valor de hacer público algo tan tabú en un mundo como el del deporte y él no hubiese sido capaz de tener esa conversación con sus padres. Lo cierto es que he tenido la suerte de poder servir de chispa para muchas personas con historias parecidas a las de Magü y ayudarles a dar esos pasos en su vida. Y esa sensación es impagable. Aun así, no he podido llegar a todo el que me ha escrito, pues los mensajes desde entonces son miles y miles y, lamentablemente, me falta tiempo material para leer muchos de ellos. Como decía, mi vida seguía su ritmo habitual de entrenamientos, competición, estudios... y el volumen de mensajes por redes era inasumible. No he podido responder a todo el mundo, pero siempre lo he intentado. Siempre he tratado de echar una mano como buenamente he podido a través de algunos mensajes y conversaciones privadas y, en especial, mediante el contenido y el mensaje público que lanzaba en mis redes o en los medios de comunicación cada vez que he tenido ocasión.

No me gustaría que esto se entendiera como una justificación por mi parte, ya que no lo es, pero me sabe mal que durante estos años mucha gente en redes me ha mostrado su enfado porque no les contestaba. Aun poniéndome en sus zapatos y tratando de entenderles, creo que no son conscientes de la realidad de la situación. Alguna vez he enseñado mi bandeja de entrada a algún amigo para que comprobase que, literalmente, es imposible contestar a todo el mundo. Si eso me pasa a mí, que no llego a los cien mil seguidores, no me quiero imaginar cómo debe de ser la cuenta de alguien con quinientos mil o dos millones de seguidores. Si bien es cierto que muchas de estas personas tienen agencias que les ayudan a llevar sus cuentas y poder tener más alcance de respuesta, sigue siendo materialmente imposible llegar a todo el mundo. No es nada personal, es simplemente que mi vida no ha girado nunca en torno a las redes sociales. Siempre las he visto como una herramienta de difusión, como una plataforma para darle voz a mi mensaje y mostrar aquello que quería que los demás viesen de mí. Un escaparate usado de manera, creo, inteligente. Ni más ni menos. Para mí, las redes sociales nunca han sido un medio de vida o un trabajo. Claro que he hecho alguna colaboración pagada cuando he tenido la oportunidad y cuando he pensado que podía encajar con mi perfil, pero siempre entendiendo que eran cosas puntuales y que mi camino iba por otra parte. Lo dicho, no es justificación, sino explicación y empatía, de la que estamos tan faltos en estos últimos tiempos.

Retomando el tema de la portada, aquellas primeras semanas tras la salida del armario, aunque en absoluto estaba acostumbrado a estar en el ojo del huracán, conseguí sobrellevarlo más que bien y me encantaba esa sensación. No me sentía incómodo a pesar del cambio. Creo que, en el fondo, durante mi vida me había preparado para aquel momento. Si bien es cierto que el waterpolo es un deporte minoritario, como todos los deportes, está construido en torno a la admiración y la jerarquía. Aunque a un nivel completamente diferente, llevaba casi toda mi vida despertando admiración debido a mi faceta deportiva, véase ser el jugador más determinante del equipo, ganar una medalla con la selección, ser el mayor del IMDER, debutar con el equipo absoluto nacional y acudir a convocatorias con la selección... Todas esas vivencias hicieron que, en cierta manera, siempre hubiese estado en contacto con lo que significaba ser un referente para algunas personas (aunque fuese meramente deportivo). Por tanto, cuando me tocó vivir ese momento, no me vi desbordado ni superado por la situación, sino sentí que tenía, inconscientemente, las herramientas para gestionarla. Además, le daba mucho valor a recibir apoyo y admiración de la gente por el simple hecho de ser yo mismo; por el paso que había dado y por el mensaje que transmitía. Creo que no hay nada más satisfactorio en el mundo que despertar interés por aquello que haces o dices. Hacía solo unos días era un completo desconocido y ahora acaparaba la atención de los medios por haber sido valiente y llevar conmigo un mensaje tan importante como el de la visibilidad LGTBI dentro del deporte.

Sin embargo, como todo en esta vida, también hubo una cara menos amable. Aunque considero que fue anecdótica y marginal, nada representativa del cariño y apoyo que recibí, también es cierto que hubo algunas críticas y comentarios ofensivos. Desde la noticia de mi salida del armario hasta el día de hoy, cada publicación en la que he sido protagonista, o bien hablando sobre la importancia de la visibilidad LGTBI en el deporte, o denunciando en su momento la agresión verbal homófoba, o hablando de la LGTBIfobia en general, siempre ha tenido una recepción pésima en los foros y comentarios de los medios que la publicaban. Alguna vez, por mera curiosidad, se me ocurrió meterme en los comentarios de *Marca, As, El Mundo*... de una noticia relacionada conmigo. Aquí el porcentaje de mensajes positivos era anecdótico y la norma eran mensajes terroríficos.

Mensajes que a cualquier persona le harían darse cuenta de la importancia de que hablemos de un tema así. A pesar de que nunca entré al trapo en los foros de los medios de comunicación, y enseguida tuve la piel lo suficientemente dura como para que no me afectase, en mis redes sociales la situación fue muy diferente. Partiendo de la base de que no estaba acostumbrado a recibir tal cantidad de mensajes, debo admitir que fue fácil cuando el 99 por ciento de estos eran en clave positiva. No obstante, ese 1 por ciento de mensajes que recibía con insultos, críticas o simplemente repletos de odio me generaban más inquietud que alegría los positivos. Tal sobreexposición hizo que llegase a normalizar los elogios, hasta el punto de no valorarlos, y que pusiese el foco de atención en ese porcentaje ínfimo de críticas destructivas. Buscaba y rebuscaba, entre cientos de mensajes, alguno que fuese negativo para responder. Siempre lo hacía desde el respeto y la educación, pero con mi respuesta pretendía hacer cambiar de opinión a esa persona acerca de lo que estaba diciendo del colectivo LGTBI o de mí. De alguna manera, pensaba que un mensaje personal con una explicación de por qué era importante que las personas homosexuales nos visibilizáramos en el ámbito deportivo le haría abrir los ojos a quien quiera que fuese que me escribía para criticarme.

No sé si alguna vez conseguí mi objetivo, pero tardé un tiempo en ver las cosas con perspectiva, cambiar de opinión sobre ese tema y entender que me daba igual. Me costó comprender que, aun dedicándole gran parte de mi tiempo a atender las redes sociales, iba a ser absolutamente imposible llegar a todo el mundo y que, por tanto, debía seleccionar bien cómo quería invertirlo. La primera conclusión que saqué fue que el tiempo, mi tiempo, que dedicaba a eso era demasiado valioso como para gastarlo con gente que me escribía de mal rollo, insultándome o criticándome, en lugar de invertirlo en personas que se tomaban la molestia de mandarme sus mensajes cariñosos, sus historias o sus relatos sobre cómo había podido ayudarles en su vida. Por eso, me prometí a mí mismo valorar esos detalles y que el tiempo que le dedicase a las redes lo haría a todas aquellas personas que me sumasen. No iba a desperdiciar ni un segundo en alguien que invierte su tiempo en ir a la cuenta de otras personas a expulsar su odio. De hecho, es un consejo que siempre me atrevo a dar cuando me preguntan cómo gestionar la exposición en medios y redes. Es imposible que le gustemos a todo el mundo, así que no debemos molestarnos en convencerles de lo contrario ni intentar entender por qué piensan de ese modo. Es mejor dedicar ese tiempo tan valioso a devolver el cariño a personas que nos aprecian, nos admiran, necesitan nuestra ayuda o nos escriben para acercarse a nosotros. Lo que recibimos a cambio es mucho más grande y duradero que responder con un zasca a alguien que no conocemos, que no vamos a ver en nuestra vida, y cuyo objetivo es, precisamente, que entremos al trapo y nos afecte lo que nos dice. No debemos permitir que se salgan con la suya. Hoy, y por la situación de mayor exposición y ante la polarización derivada de la política, funciono como un robot con el *hate*. No le doy ni la más mínima importancia. Y si da la casualidad de que leo algún comentario en esa línea, utilizo el bloqueo, que para algo existe. De verdad, no sabéis lo mucho que he ganado en salud mental.

Volviendo al tema de la repercusión mediática, después de las apariciones en radio, prensa y en algún que otro informativo y bloque televisivo, empezaron a llegar las propuestas de programas de televisión. Y sucedió así porque se juntaron varios factores a mi favor: primero, que estaba teniendo buena acogida mi presencia en tele y mi manera de comunicar y desenvolverme; segundo, que nos adentrábamos en junio, el mes del Orgullo LGTBI, donde es actualidad pura y dura el colectivo, y tercero, que era año olímpico, es decir, el periodo en el que más se habla de deporte en cuatro años. Y yo cubría estos dos últimos aspectos, por lo que encajaba a la perfección en esa percha mediática. Hasta ese momento había funcionado siguiendo la máxima de «sí a todo», pero llegaron algunas propuestas de televisión que tenía que pensar bien. Tenía claro que cuanta mayor repercusión, mejor, si bien todo lo que me habían ofrecido era muy «blanco». Se trataba de programas y formatos que, digamos, no ponían en cuestión el porqué de mi salida del armario. Entonces recibí la llamada del programa español *Sálvame*, un formato televisivo amarillista, muy variado, que se centraba en el corazón. El foco y la repercusión de aparecer en *Sálvame* serían brutales, pero ante mí se abría la disyuntiva de si aparecer en un formato así se iba a entender. Gran parte de las críticas que había recibido iban en la misma dirección, esto es, que estaba haciendo todo aquello por fama pura y dura. Hasta ahora había gestionado bien la aparición en medios y temía que salir en *Sálvame* restara credibilidad a mi testimonio. Lo cual conllevaba fracasar en mi objetivo de darle una visibilidad sana y desinteresada a mi mensaje. Realmente no tuve muchas dudas. A pesar de la oferta económica y de saber que la repercusión sería muy alta, decidí no asistir como invitado al programa. Por encima de la visibilidad, puse el valor de mi mensaje, que era mi *leitmotiv*. No quería que nadie tuviese ninguna duda de que lo estaba haciendo por facilitarle el camino a los demás. Por hacer que chicos y chicas más jóvenes perdiesen el miedo y entendiesen que se puede llegar a la élite del deporte siendo tal y como uno es, y que no hay que tener ningún temor. Para mí, acudir como invitado a *Sálvame* no cambiaba el objetivo ni el trasfondo de mi mensaje, pero sí era consciente de que podía malinterpretarse de puertas para fuera. Es decir, que se intuyese un interés personal por encima del colectivo. Como no era así, no fui al programa. Punto.

Algo parecido me ocurrió al año siguiente, cuando también desde Telecinco me llamaron para participar en el *reality show Supervivientes*. Siendo sincero, me encantaría vivir esa experiencia. Estar en mitad de la naturaleza, llevando el cuerpo y la mente al límite, en unas condiciones extremas..., es un reto que me seduce muchísimo. Pero el formato televisivo sobre el que está construido no es el idóneo para mí, ni en el que me gustaría verme envuelto. Reconozco que la llamada para participar me hizo mucha ilusión, e incluso llegué a pensármelo. Tuve dos conversaciones con uno de los redactores, en las que me explicaba con todo lujo de detalles cómo querían que fuese aquella edición. La verdad es que esa propuesta sí me apetecía, tanto que me tuvo una semana dándole vueltas. Sin embargo, acabó imponiéndose la lógica que, hasta día de hoy, siempre he manejado a la hora de tomar este tipo de decisiones. Sí, la idea me seducía mucho, no obstante, puse todo en una balanza y los contras eran mucho mayores que los pros. De nuevo, mi mensaje y mi lucha se verían comprometidos, y esta vez en mayor magnitud. Pues no se trataba de una aparición puntual de unos minutos, sino que estaría en un *reality*, con una exposición extrema. Aquellas voces que hacía un año decían que mi salida del armario tenía como objetivo la fama, se iban a ver contestadas favorablemente con mi entrada en un programa de televisión de esa talla. Por otro lado, mi mensaje perdería fuerza y credibilidad. Sí, yo iba a defender lo mismo, y además de tener un mayor altavoz, podría compatibilizarlo con el deporte, puesto que la edición de ese año empezaba justo cuando terminaba la temporada deportiva, pero determiné que era más importante el cómo que el dónde. Y es que un mensaje no tiene el mismo significado dicho en una plataforma u otra. El cómo trasladaba lo que quería trasladar era de vital importancia para no desviar la atención de lo importante, y en especial para seguir construyendo esa imagen de figura respetada dentro del colectivo. No quería convertirme en un personaje televisivo. Quería ser activista. Cambiar las cosas desde mi propia experiencia y mi testimonio. Hacer de la defensa de mis ideas y de mi lucha mi bandera, aunque no a cualquier precio. Sacrifiqué esa visibilidad mediática a nivel nacional y las ganas de vivir una experiencia así (y, por qué no decirlo, bastante dinero), por tener menos voz, pero un mensaje más respetado, creíble y potente dentro del propio colectivo. Nadie podría poner en duda mi compromiso.

Precisamente, a los pocos meses de rechazar participar en *Supervivientes*, me surgió una oportunidad que sí encajaba a la perfección con el camino que quería seguir. Desde el primer minuto tuve claro que no quería que mi salida del armario fuese algo anecdótico. No buscaba tener repercusión en ese momento y que se quedase ahí. Quería que sirviese para algo y sabía que para ello era necesario implicarse y trabajar a diario. Así fue como la asociación madrileña deportiva LGTBI «Deporte y Diversidad» llegó a mi vida. Estaban dando unos cursos de formación sobre diversidad afectivo sexual en la Comunidad de Madrid con el objetivo de formar educadores que pudiesen asistir tanto a federaciones, equipos, clubes deportivos como a colegios para hablar de deporte y de visibilidad LGTBI. Es decir, tenía la oportunidad de convertirme en aquello que siempre había reclamado durante todos mis años como alumno y deportista. Estoy seguro de que haber recibido en su momento una formación de ese tipo, no solo me habría ayudado a entenderme, aceptarme y quererme, sino que me habría cambiado la vida por completo. No me lo pensé. Compaginé los entrenamientos y los partidos con las horas de formación que duraba el curso. Y terminé obteniendo el título de educador en materia de deporte y diversidad por la Comunidad de Madrid. Desde aquel momento, son innumerables las charlas, formaciones, ponencias y conferencias que he dado sobre este tema. Usando mi propia experiencia personal y mezclándolo con los conocimientos técnicos que esa formación me otorgó, he trabajado con federaciones deportivas incluso a nivel internacional, como con la federación sueca de natación, con numerosos Ayuntamientos, y también dándole un enfoque laboral, con empresas como ING, Google, Correos...

Pero, entre todas, me quedo con una colaboración, para mí la más especial, que fue la que hice en el IMDER, en el año 2019, hablándoles a chicos y chicas de 1° y 2° de bachillerato sobre la importancia de los valores del respeto, la tolerancia y la diversidad. Por tanto, creo poder decir, orgulloso, que todos los pasos que he ido dando en mi vida después de visibilizarme en 2016 en la revista *Shangay* han sido los correctos. Y han sido siempre firmes, teniendo muy claro cuál era el camino que quería seguir, cuál era el mensaje que quería trasladar y, sobre todo, cuidando la manera y el lugar en el que lo hacía. A pesar de haber tenido momentos de dudas y alguna que otra tentación, nunca perdí de vista lo que era verdaderamente importante: mi mensaje.

8

CORRES COMO UNA NIÑA

El deporte ha sido históricamente un espacio hostil para todas aquellas personas que se han salido de la más absoluta normatividad. Poco importaba el rendimiento si tu color de piel no era blanco, si eras una mujer o si eras un afeminado. Durante muchos años, estas realidades han sido señaladas y han invalidado a cualquier persona con estas características para ser apto, deportivamente hablando, en el imaginario colectivo. En lugar de sentir el deporte como un espacio seguro en el que desarrollarse, millones de personas LGTBI se han visto obligadas a abandonarlo, o bien nunca se atrevieron a poner un pie en él, repelidas por todo lo que les podía suceder al no encajar en la norma. Sin embargo, ha habido gente brillante y valiente que, aun en contextos muy complicados, han dado pasos de gigante, allanando el camino para que el resto pudiésemos vivir una realidad diferente de la que a ellos les tocó vivir.

Lo vimos en EE. UU. con la segregación racial en la liga de béisbol desde sus inicios hasta 1947, cuando Jackie Robinson se convirtió en el primer afrodescendiente en ingresar en las ligas mayores. También lo vimos en los JJ. OO. de 1900 celebrados en París, donde compitieron las primeras mujeres. Ahora bien, ser una mujer o ser negro son dos realidades que no se pueden esconder. Ser homosexual sí puede esconderse y llevarse de manera privada. Por ello, el colectivo LGTBI tuvo que esperar hasta 1990 para tener a su primer héroe visible: Justin Fashanu. Nacido el 19 de febrero de 1961 en Londres, Justin, además de futbolista, fue un hombre que hizo historia y que marcó un antes y un después en el mundo del deporte. En 1981 el *Nottingham Forest*, de la *Premier League* inglesa, pagó por él un millón de libras, convirtiéndose en el primer jugador de fútbol negro por el que se pagaba tal cantidad. Pese a todo, más allá de este hito, Justin es una figura reconocida a nivel mundial por su decisión de salir públicamente del armario, siendo el primer deportista del mundo en visibilizar esta realidad. Lo hizo mediante una entrevista que concedió al diario británico *The Sun*. En la portada podía leerse «Estrella de fútbol de un millón de libras: Soy gay». Esta noticia sin precedentes dio la vuelta al mundo, pero la valentía de Justin en aquel momento supuso una gran controversia y le pasó una factura de terribles consecuencias. Los comentarios homófobos no se hicieron esperar. Su hermano, John Fashanu, también futbolista, concedió una entrevista unos días después del anuncio de Justin para decir que su hermano era un marginado. Tampoco faltaron los desprecios de numerosos colegas de profesión, que se pronunciaron afirmando que los homosexuales no tenían sitio en el fútbol. A pesar de que Justin confirmó que tenía una gran relación con la mayoría de sus compañeros de equipo, admitió que era frecuente que algunos de ellos le atacasen por su orientación sexual. Inmediatamente tras su testimonio, Justin sufrió insultos y vejaciones por parte de los aficionados de todos los campos a los que acudía a competir. Los siguientes años a su salida del armario, Justin tuvo muchos problemas para encontrar equipo. Desde 1991 hasta 1997 fue dando bandazos en equipos de ligas menores, sin asentarse ni conseguir la confianza plena de entrenadores y directivos. Tras varias cortas aventuras en ligas deportivas en países como Escocia, Nueva Zelanda o EE. UU., Justin anunció su retirada.

Así pues, en 1998, un joven de diecisiete años denunció que había sido atacado sexualmente por Fashanu en EE. UU. El exfutbolista fue interrogado por la policía, pero no fue arrestado, y regresó a Inglaterra. La prensa informó de que la policía había emitido una orden de detención contra él. A los pocos días, Justin fue encontrado ahorcado en un garaje a las afueras de Londres. Junto a su cuerpo había una nota de suicidio que decía: «Me he dado cuenta de que ya he sido declarado culpable. No quiero ser más una vergüenza para mis amigos y mi familia. Espero que el Jesús que amo me dé la bienvenida y finalmente encuentre la paz». Unos meses después se conoció que tras la investigación de la policía estadounidense pudieron confirmar que no existía ninguna orden de detención y que la policía había abandonado el caso por falta de pruebas. Queda patente que todo lo que le ocurrió a Justin tras visibilizarse como homosexual le llevó a quitarse la vida trágicamente ocho años después. La falta de apoyo de su familia, la ausencia de oportunidades deportivas, los insultos y humillaciones de compañeros de equipo, de profesión, aficionados y por último unas falsas acusaciones que le pusieron en el centro del debate público y el juicio social al que fue sometido le empujaron a acabar con su vida. En conclusión, Justin fue una víctima del sistema profundamente homófobo en el que vivió. La sociedad no estaba preparada para asumir que un deportista de primer nivel podía ser homosexual. Aún peor, no estaba preparada para que lo dijera públicamente.

Su testimonio pionero hizo que, desde entonces, conmemoremos el día de su nacimiento como el Día Internacional Contra la LGTBIfobia en el Deporte. Sin embargo, en 1990 Justin no consiguió hacer que su mensaje calase en el mundo del deporte. Su trágico desenlace fue un mensaje más poderoso que el de su valentía. El mensaje estaba claro. Eso es lo que ocurre cuando alguien decide visibilizarse. Dificultades para encontrar equipo, rechazo de los compañeros, de los aficionados... Muerte. Y es que su coraje se tradujo erróneamente en miedo. No se puede culpar a nadie porque se entendiese así. Al fin y al cabo, era lo que había sucedido. Si aquello le había pasado a una estrella, como el primer jugador negro por el que se pagó un millón de libras, ¿qué le podría pasar a cualquier otro?

Hemos tenido que esperar hasta 2022 para conocer la historia de otro futbolista en activo en Europa que se ha visibilizado como homosexual. Han tenido que pasar 32 años. Nada más y nada menos que 32. Concretamente, el 16 de mayo de 2022, Jake Daniels, del Blackpool de la segunda división inglesa, salió del armario mediante un vídeo de las redes sociales de su club. Desde Fashanu, nadie había hecho algo parecido. Nadie se había atrevido en Europa, en las grandes ligas, a dar ese paso. Jake ha recogido el testigo de Fashanu y ha dado una lección de valentía al visibilizarse con tan solo diecisiete años. Y es que quizá el fútbol sea la mayor representación de cómo se perpetúan los comportamientos LGTBIfóbicos en el deporte. Como hemos visto antes, los mismos insultos y comportamientos en los estadios de fútbol llevan produciéndose cuarenta años con total impunidad. A pesar de que cada vez son más los deportistas que se visibilizan como miembros del colectivo LGTBI, sobre todo de disciplinas minoritarias, el fútbol sigue siendo ese bastión infranqueable.

Además del pionero Fashanu y el reciente Daniels, tenemos pocos casos más de visibilidad homosexual en el fútbol. El futbolista alemán Thomas Hitzlsperger, cincuenta y dos veces internacional con la selección teutona, que llegó a participar en el Mundial de 2006 celebrado en su país, salió del armario en 2014, justo un año después de retirarse del fútbol profesional. También tenemos el caso de otros futbolistas que dieron el valiente paso, pero cuya trascendencia no ha tenido tanto impacto al competir en ligas menores. El sueco Anton Hysén, de la segunda división sueca, salió del armario en 2011 mediante una portada en una revista; el defensa del Leeds United de la Premier League, Robbie Rogers, hizo lo propio en 2013, justo antes de firmar un contrato por Los Ángeles Galaxy; uno de los últimos en visibilizarse ha sido el australiano Joshua Cavallo, jugador del Adelaide United, de la primera división de Australia, que, a través de un vídeo en sus redes sociales, salió del armario en 2021. Todas estas historias comparten algo: la valentía de dar un paso tan importante y, desgraciadamente, arriesgado, en un mundo como el del fútbol. Se han convertido en referentes para muchas personas gracias a sus testimonios, aunque seguimos echando en falta futbolistas de grandes ligas. Su ausencia no es casual. Se debe a que la presión que tienen que soportar y el miedo a las consecuencias se multiplican de manera exponencial debido a toda la repercusión que hay a su alrededor. Porque, a nivel mediático, no es lo mismo jugar en el Real Madrid, en el Manchester United o en el Bayern de Múnich, que hacerlo en un equipo danés o en la segunda división neozelandesa. Sin duda, todos y cada uno de los testimonios de los deportistas que se visibilizan son valiosísimos, valientes y necesarios. Pero son pequeños granos de arena comparado con lo que supondría que un gran jugador de un equipo mundialmente conocido se visibilizase.

A menudo nos preguntamos por qué este tipo de jugadores top no se deciden a dar ese paso. Por si no fuera poco tener que enfrentarse a cuarenta mil o cincuenta mil personas gritando «maricón» en los estadios de fútbol cada fin de semana con total impunidad, vivir expuesto a recibir miles de mensajes hirientes y homófobos mediante redes sociales, la incertidumbre de si visibilizarte marcará tu carrera deportiva, y el posible rechazo de alguno de tus compañeros, hay que añadir los desoladores casos recientes sobre lo que supone apoyar al colectivo LGTBI en el mundo del fútbol. Recientemente conocimos el caso del jugador senegalés del PSG, Idrissa Gueye, que se negó a jugar un partido con su equipo para evitar ponerse la camiseta con los dorsales color arcoíris como muestra de apoyo al colectivo en el día contra la LGTBIfobia. Según las informaciones de distintos medios, no era la primera vez que el jugador evitaba vestir una camiseta con la bandera LGTBI, puesto que la anterior temporada tampoco jugó el partido alegando una gastroenteritis.

Cada vez es más habitual que en fechas señaladas para la comunidad LGTBI, como el Día Internacional Contra la LGTBIfobia en el Deporte, el Día Contra la LGTBIfobia o el Día del Orgullo, los clubes se posicionen y lancen alguna campaña o imagen como muestra de apoyo. Desde luego, esto era algo impensable hace unos años y es de gran ayuda para muchísimas personas del colectivo, así como una gran herramienta para visibilizar que el deporte es para todos sin excepción. Asimismo, este tipo de prácticas son frecuentes desde hace años por parte de empresas y compañías que, o bien quieren vender sus productos, o bien posicionarse favorablemente. Hoy en día estamos más que acostumbrados a ver cómo en el mes de junio los logos de estas se tiñan de arcoíris. No obstante, en ocasiones se acaba cayendo en el llamado *pinkwashing*. Esta práctica consiste en usar estrategias para captar la atención y simpatizar con el colectivo LGTBI y así blanquear ciertas actitudes o la falta de compromiso real con la comunidad. Es decir, se trata de una acción de marketing puramente, vacía de contenido, más allá de la visibilidad de una bandera. Evidentemente, como ya he comentado, este tipo de acciones por parte de las empresas eran impensables hace años y suponen un gran avance en términos de visibilidad del colectivo que hay que aplaudir. Sin embargo, las circunstancias exigen más.

Que una empresa coloree su logotipo con la bandera arcoíris para posicionarse en el Orgullo, pero que no tenga absolutamente ninguna política interna para evitar la LGTBIfobia no tenga protocolos de actuación en caso de que ocurra, no participe en ningún proyecto LGTBI o de formaciones de diversidad a empleados y directivos significa que en realidad no apuesta por trabajar la visibilidad y protección del colectivo LGTBI. No usa ninguna de las herramientas a su alrededor para cambiar las cosas. Se limita a usar una bandera para simpatizar con el colectivo y vender una imagen de apoyo cuando lo cierto es que no está siendo coherente ni responsable. Sea como fuere, hay muchas maneras de demostrar ese compromiso con las reivindicaciones LGTBI. Poner una bandera durante una semana está bien, pero sin olvidar que las personas LGTBI vivimos los 365 días del año, no solo una semana o un día, por lo que ese compromiso debe traducirse en hechos prolongados en el tiempo, no en gestos simbólicos vacíos en el fondo. Ponemos el caso del PSG, si este fuese un club verdaderamente comprometido con las reivindicaciones del colectivo LGTBI, habría obligado a su jugador Gueye a disputar el partido con aquella camiseta. Hay quien dice que al tratarse de sus creencias religiosas habría que respetarle y que, por tanto, se trata de una decisión personal en la que el club no debería interferir. Dicho argumento sería válido de no ser por varias cosas. En primer lugar, la bandera LGTBI no atenta contra ninguna creencia religiosa. Existen personas LGTBI en todo el planeta, con diferentes edades, géneros, orientaciones, religiones, aficiones... No existe un único modelo de persona LGTBI. Son las religiones mal entendidas las que prohíben o atacan la existencia de las personas LGTBI. Ser una persona LGTBI no significa que no puedas tener creencias religiosas. En segundo lugar, Gueye es un deportista profesional con un contrato en vigor. Por lo que está obligado a jugar los partidos a los que sea convocado, siempre que esté en condiciones óptimas físicamente, y a cumplir con los compromisos del club. Como deportista, ausentarte de tu trabajo sin motivo es una falta total de profesionalidad. Y por supuesto que el club tiene la potestad de sancionarte en ese caso, además de exigirte que cumplas con todos los compromisos. Sin embargo, el PSG no lo hizo y permitió al jugador senegalés no disputar aquellos partidos para que no vistiera una bandera LGTBI. Por ello, queda bastante en el aire si el club está verdaderamente comprometido con la defensa de los valores de la diversidad afectivo/sexual.

Con esto quiero ser tajante, hay cosas que no deberían ser opinables. Los derechos humanos no lo son. Y los derechos y libertades de las personas LGTBI son Derechos Humanos, por lo que el compromiso con estos no debería jamás ser una cuestión sobre la que debatir si se está de acuerdo o no. Los Derechos Humanos no se debaten. Y los compromisos con los mismos no se discuten, simplemente se cumplen. En caso de que en el vestuario del PSG hubiese algún jugador homosexual, el mensaje de total rechazo de Gueye al colectivo dificultaría, con toda seguridad, la posibilidad de este imaginario futbolista a dar el paso y visibilizarse abiertamente como homosexual. Sin duda, se antoja complicado que alguien quiera enfrentarse a esta realidad cuando uno de los compañeros es incapaz de vestir una camiseta de apoyo.

A propósito de este tipo de gestos, en la Eurocopa 2021 se produjo algo inédito hasta la fecha. El portero de la selección alemana Manuel Neuer lució su brazalete de capitán teñido de color arcoíris en el partido que enfrentaba a su selección con la de Portugal. En lugar de vestir el reconocido brazalete de capitán de la UEFA, amarillo y con una C, Neuer quiso usar uno con la bandera LGTBI precisamente para mostrar su apoyo a la comunidad. No solo lo hizo por la cercanía al 28 de junio (día oficial del Orgullo LGTBI), sino por las recientes políticas húngaras aprobadas en contra de la población LGTBI. A este respecto, el primer ministro húngaro, Viktor Orbán, anunció la prohibición del contenido LGTBI para menores, relacionando directamente la homosexualidad con la pedofilia. Mediante esta ley, todo el contenido y referentes LGTBI de libros, series, etc., se suprimiría bajo el falso mantra de proteger a los menores. Tras oficializarse esta decisión en el Parlamento húngaro, Neuer quiso solidarizarse con la comunidad LGTBI y por ello portó el brazalete con los colores del arcoíris en el encuentro frente a la selección lusa.

Por su parte, la UEFA, al conocer este gesto, comunicó que sancionaría tanto a Neuer como a la selección alemana, amparándose en que manifestar símbolos políticos no estaba permitido. La repercusión de aquello fue notoria. Se dejó de hablar de fútbol y el debate se trasladó a si la UEFA estaba defendiendo los valores universales del deporte, o si por el contrario se estaba poniendo al servicio de las estructuras que llevaban décadas invisibilizando al colectivo LGTBI. Por supuesto que esta cuestión también llegó a la política, y el ayuntamiento de Múnich afirmó que iluminaría de color arcoíris el estadio en el que Alemania jugaba contra Hungría. La UEFA también salió en esta ocasión a decir que aquello no podía hacerse, reforzando su mensaje de que las reivindicaciones políticas no tenían cabida, entendiendo el gesto del ayuntamiento como una consecuencia de las decisiones legales de Hungría. Resulta curioso comprobar como el máximo órgano europeo en el fútbol, la UEFA, entendía como cuestión política una bandera arcoíris. Una bandera cuyo significado no es otro que el orgullo, la libertad y la igualdad. Parece poco probable que, en caso de tratarse de racismo, la UEFA hubiese hecho alguna prohibición, ya que trabaja en múltiples campañas de sensibilización y concienciación en este sentido. ¿Es una cuestión política estar en contra del racismo?

Lo cierto es que sí lo es. Lo es porque todas las injusticias, las discriminaciones o las situaciones de desigualdad conllevan una reivindicación con ánimo de cambiar la situación. Y eso es un *statement* político. Sin embargo, nadie cuestiona que este tipo de proclamas se hagan en contra del machismo o del racismo, pero sí cuando se hacen en defensa del colectivo LGTBI. Se mira con otros ojos.

Pongamos en la lupa otros tipos de discriminación. Por ejemplo, ser una mujer significa ser una mayoría no predominante y ser una persona racializada significa ser una minoría. Pero en el imaginario colectivo, sus reclamaciones son entendidas como justas, como parte del avance de la sociedad. No ocurre lo mismo con las reivindicaciones LGTBI, pues se siguen viendo como una «elección», una parte de la vida privada de la que hay que proteger a los niños por miedo a «convertirlos» o «adoctrinarlos». Y es precisamente todo lo contrario. Los menores LGTBI son los que más referentes necesitan, sobre todo en el deporte. Actualmente las niñas pueden tener heroínas a las que quieran parecerse, estrellas del fútbol que poco a poco van ganando más notoriedad en los medios. Los niños racializados también tienen cientos de referentes en todos los equipos de primer nivel del mundo. ¿Ocurre lo mismo con los niños LGTBI? ¿Cuántos referentes tienen en el fútbol?

Cuando la ausencia de ídolos y modelos a seguir es tan grande, un brazalete con la bandera LGTBI o un estadio iluminado con el color arcoíris son gestos que ilusionan, que empoderan y que hacen comprender que cualquier persona cabe en el fútbol. Es la manera de decir «no sois visibles, pero estáis aquí y sois bienvenidos». ¿Es eso un mensaje político? Por supuesto, pero por encima de todo es un mensaje a los derechos humanos. Al derecho de todas las personas a poder ser de manera libre, sin miedo. Dicha visibilidad es vital y en especial cuando vives en un país en el que la ley te dice que eres un enfermo, que puedes ser perseguido y encarcelado e incluso condenado a muerte. O cuando tienes unos padres que quieren llevarte a una terapia de conversión para «curarte». Sin embargo, todas aquellas personas invisibilizadas, todos aquellos niños y niñas faltos de referentes y en busca de símbolos que les hagan sentir parte del deporte, del fútbol, lo que se encontraron fue una entidad que quería prohibir ese pequeño gesto en pro de su libertad y sus derechos.

En definitiva, la UEFA demostró una absoluta cobardía y falta de empatía con los derechos humanos cuando decidió querer sancionar a Neuer. Si el fútbol es para todas las personas, también lo es para las personas LGTBI, y precisamente ellos, como organismo oficial que busca defender los valores del fútbol, deberían ser responsables a la hora de hacer extensibles esos valores a todas las personas, sin importar su género, su orientación, su lugar de procedencia o su raza. Hay algo que debería estar por encima de cualquier pensamiento o ideología y es el respeto a los derechos humanos. Por ello, una minoría como la población LGTBI, perseguida, discriminada, violentada y asesinada histórica y, por desgracia, actualmente en más de medio mundo, tiene que ser protegida y visibilizada. Sobre todo, por los organismos apolíticos y con poder como es la UEFA.

Volviendo al asunto de la Eurocopa, en mitad de aquel intenso debate que copaba horas en las tertulias generalistas y deportivas, y llenaba páginas y páginas de diarios, se disputó el partido entre Hungría y Portugal. En ese encuentro pudimos escuchar cómo todo el estadio húngaro insultaba a la estrella portuguesa Cristiano Ronaldo dedicándole cánticos en los que le llamaban maricón. A pesar de que algunos medios se hicieron eco, este incidente pasó completamente desapercibido y desde luego ni quedó recogido en el acta arbitral ni la UEFA salió a condenarlo públicamente. No hubo ningún pronunciamiento al respecto. Es, sin duda, el mayor reflejo de la hipocresía del fútbol. El termómetro que marca cuál es la realidad del deporte rey: se pretende sancionar un brazalete color arcoíris que se exhibe como muestra de apoyo al colectivo LGTBI, y no a todo un estadio gritando «maricón». Como digo, esta es la realidad imperante en el mundo del deporte en general y en el fútbol en particular. Mientras que una bandera cuyo objetivo es enseñar que en el deporte cabe todo el mundo y que las personas LGTBI pueden sentirse representadas y protegidas (aunque no sea con referentes, sí al menos con símbolos) es considerada como algo político que debe prohibirse, pues atenta contra la ideología de algunos países soberanos, se escurre el bulto cuando todo un estadio grita mensajes llenos de odio que no hacen otra cosa que perpetuar comportamientos que deberían ser de épocas pasadas. En último término y ante el intenso debate y la presión que hubo al respecto, la UEFA decidió desestimar la opción de sancionar tanto al capitán alemán, Manuel Neuer, como a la selección teutona. Como consecuencia de esta rectificación, la selección inglesa también se sumó al movimiento y el capitán británico, Harry Kane, lució el brazalete arcoíris en el encuentro que enfrentó a las dos selecciones. Afortunadamente se produjo una victoria en un terreno tan complicado como el del fútbol. Fue un éxito no solo por evitar la sanción con la que la UEFA amenazaba, sino por cómo tanta gente, dentro y fuera del fútbol, alzó la voz para protestar frente a tamaña injusticia. Por primera vez se intercambiaron los papeles y el más pequeño consiguió que el más grande cediera. Es la clara demostración de que la suma de las minorías es una mayoría.

También fue una acción de valor incalculable el que, en una competición como la Eurocopa, en la que están puestos los ojos de todo el mundo del fútbol, seguida tanto en Europa como en todo el planeta, dos de las selecciones más laureadas y potentes quisieran apostar por la visibilidad LGTBI en un momento político en el que los derechos de la comunidad se estaban viendo vulnerados en Hungría. Esa imagen, ese mensaje, es más potente que cualquier discurso. Porque lo que no se ve es como si no existiera. Por eso es tan importante la visibilidad y sobre todo en espacios en los que apenas hay referentes, políticas de protección o sensibilización. Precisamente esta falta de visibilidad se hace más evidente según crece la magnitud de la competición. Cuanto más grande es la disciplina deportiva, más complicado es encontrar referentes LGTBI. Y, sin duda, la competición más importante y seguida en todo el mundo son los JJ. OO. De este modo, en los pasados JJ. OO. de Tokio 2020 participaron 11.711 atletas en total. De ellos tan solo 163 se visibilizaron como miembros del colectivo LGTBI. Lo cual supone un 1,39 por ciento del total. He ahí la dicotomía. Por un lado, debemos celebrar que nos encontramos ante los JJ. OO. con más representación LGTBI de la historia, ya que en los anteriores JJ. OO. de Río 2016 el número de atletas LGTBI era de 41. Un número considerablemente bajo, si lo comparamos con los de Tokio. En las anteriores ediciones de Londres 2012 y Pekín 2008, el número baja hasta 23 y 12 respectivamente. Por tanto, sí es de alabar el crecimiento de deportistas que se mostraron abiertamente como miembros del colectivo LGTBI en los pasados JJ. OO. de Tokio, aunque según las estadísticas la cifra sigue sin ser representativa.

Y es que, a pesar de que no existen datos oficiales a nivel mundial, se estima que el porcentaje de la población LGTBI esté entre el 12 y el 20 por ciento. La ausencia de datos no es casual. No es lo mismo responder a este tipo de encuestas en un país como España, donde, aunque sigue existiendo estigma y reparo a la hora de visibilizarlo, las cuotas de aceptación son muy elevadas y no existe ningún problema en formular preguntas así, que hacerla en países como Arabia Saudí, Angola o Rusia, donde existe miedo y temor a contestar con franqueza, debido a los peligros y a la persecución a la que están sometidas las personas del colectivo.

Por ende, aunque recibimos con alegría que paulatinamente, como reflejan las estadísticas de los últimos cuatro JJ. OO., los deportistas vayan perdiendo el miedo a mostrarse tal y como son, sigue siendo una cifra baja que refleja la gran invisibilidad que hay en el deporte. Así, es bastante habitual que cuando hablamos de deporte y del colectivo LGTBI, nuestro pensamiento se vaya hacia la homosexualidad y el deporte masculino. Solemos pensar en clave masculina, síntoma del machismo imperante, del cual el deporte tampoco escapa. De hecho, solemos escuchar aquello de que el deporte femenino es diferente, que las mujeres lesbianas lo tienen más fácil o que es mucho más habitual ver mujeres visibles en el deporte que hombres. ¿Es esto cierto? En absoluto. Este pensamiento tan comúnmente extendido tiene que ver con los roles de género que tenemos establecidos en nuestra cabeza. En el imaginario colectivo sigue habiendo deportes «de chico» y deportes «de chica». Constantemente y sin darnos cuenta, etiquetamos y clasificamos según las estructuras que tenemos construidas en la cabeza. Pero que estén asentadas en nuestra cabeza y lo hagamos de manera subconsciente no quiere decir que sea correcto.

Pongamos el ejemplo de una niña de nueve años que les dice a sus padres que quiere jugar al rugby. En nuestro imaginario colectivo, automáticamente le estamos poniendo a esa pequeña una etiqueta.

La etiqueta de lesbiana. Porque una niña que quiere jugar al rugby en lugar de hacer ballet es un «marimacho». ¿Cuántos padres habrán intentado convencer a sus hijas de que el fútbol, el baloncesto o el rugby no son deportes para chicas? Que es mejor hacer baile, voleibol o natación sincronizada. ¿Cuántos padres habrán desoído los deseos de sus hijas en situaciones así? No es ficción, se trata de realidades que muchas niñas han tenido que vivir. Que desde una edad temprana les digan que no pueden hacer ciertos deportes porque son chicas, y las chicas son delicadas, por tanto, no pueden practicar deportes de contacto. Para la sociedad, las niñas que practican este tipo de deportes «masculinizados», o son lesbianas, o son lesbianas en potencia. Por ello, cuando alguna deportista de estas disciplinas sale del armario a nadie le sorprende. Era de esperar. ¿Qué chica hetero querría hacer rugby? En cambio, si una chica que hace natación sincronizada, ballet o voleibol, disciplinas «feminizadas» dice que es lesbiana, nuestra mente cortocircuita. ¿Cómo va a ser lesbiana, con lo femenina que es? Este fenómeno se conoce como discriminación cruzada y tiene que ver con aquellos constructos de género que existen en el imaginario colectivo que nos empujan a realizar diagnósticos precipitados. Al final, todo está relacionado con los roles de género y los estereotipos. En nuestra mente los gais son de una manera (débiles, afeminados) y las lesbianas de otra (fuertes, varoniles) y, por tanto, encajamos dichos estereotipos en las disciplinas deportivas que tenemos repartidas en la caja azul (chicos) y la rosa (chicas).

Lo mismo ocurre con el deporte masculino. Si un chico que hace natación sincronizada o patinaje sobre hielo sale del armario, nadie se inmuta. Damos por hecho que, si practica una disciplina así, debe serlo. Pero sí es noticia que un futbolista, un boxeador o un waterpolista salgan del armario, porque en nuestro imaginario hacen deporte de «chicos». Por ese motivo, la invisibilidad que sufren los hombres gais en deportes como el fútbol, el baloncesto o el rugby, disciplinas «masculinizadas», es la misma que sufren las mujeres lesbianas en el patinaje sobre hielo, la natación sincronizada o el voleibol, disciplinas «feminizadas». Y es que la presunta visibilidad lésbica en el deporte responde a este razonamiento, que tiene que ver con los roles de género, y es exactamente la misma que tienen los gais en deportes comúnmente tachados de femeninos. La dificultad para visibilizarse entonces es la misma.

Asimismo, la supuesta facilidad de las mujeres a la hora de hablar sin tapujos de su orientación está estrictamente ligada a la disciplina que practican. Cuando llevan desde una edad muy temprana conociendo que todo el entorno deportivo da por hecho cuál es su orientación, es más fácil dar ese paso si son lesbianas. De igual modo ocurre con los chicos gais de deportes «feminizados», pues sienten menos presión por visibilizarse al darse inconscientemente por sabida desde hace años cuál era su orientación. De hecho, la discriminación cruzada provoca que sean los deportistas heterosexuales los que tengan que romper con esa etiqueta impuesta. Se enfrentan a otro tipo de discriminación. Es el caso de, por ejemplo, la estrella del patinaje sobre hielo, Javier Fernández, dos veces campeón del mundo, siete veces de Europa y bronce olímpico; o el de Pau Ribes, integrante de la selección española de natación artística. Ambos son un magnífico ejemplo de hombres heterosexuales que practican deportes que, en el imaginario colectivo, están catalogados como deportes de chica, por lo que constantemente son considerados homosexuales. También ocurre en el deporte femenino, en el que jugadoras de baloncesto o rugby heterosexuales luchan contra esta discriminación cruzada.

Bajo mi punto de vista, el primer paso para acabar con la LGTBIfobiaen el deporte es derribar las ideas asociadas a los roles de género. Deconstruir ese pensamiento. Que la educación se base en que no existen deportes para chicos y deportes para chicas. Que el deporte es eso, deporte, y es para todos y para todas. Erradicar esos roles de género supondrá el fin del estigma para muchos deportistas, y comprender el deporte como plural y diverso, abierto a todo el mundo, presenta un escenario completamente nuevo en el que los argumentos machistas de la LGTBIfobia se caen por sí solos. Porque la LGTBIfobia es una de las muchas caras del machismo. Cuando a un futbolista le llaman maricón, en realidad están diciendo que es menos hombre, que es menos válido y que, por tanto, es peor. Que, si no representa a la figura masculina mal entendida, el «macho», no es apto y en consecuencia es peor deportista o menos válido para la práctica deportiva. En este sentido, ocurre lo mismo con las mujeres. Estos roles de género asumen que una chica poco corpulenta y femenina no es válida para jugar al waterpolo o al rugby, deportes a los que asociamos características masculinizadas, como la fuerza o la rudeza. ¿Y la inteligencia o la velocidad? ¿O es que únicamente en estas disciplinas son necesarias aptitudes relacionadas con la fuerza? A nivel personal, sí es cierto que por mi altura (1,94 m) y mi peso (108 kg) tengo mucha más fuerza que un compañero que mida 1,80 m y pese 85 kg. Pero este también tendrá más facilidad para desplazarse y moverse en el agua y ser más ágil y veloz. Por tanto, en el deporte son válidas todas las características, ya que cada una cumple una función.

Dar por sentado que por el mero hecho de tener determinado sexo o una expresión de género diferente se es menos apto para el deporte es un gran error. Acabar con los roles asociados al género dibujará un nuevo deporte. Un deporte basado en explotar las características físicas de cada uno y, especialmente, un deporte en el que nadie sienta que no encaja debido a su género u orientación sexual. De verdad, no es tan difícil. Solo requiere un esfuerzo por parte de los adultos (padres, entrenadores...) para no continuar perpetuando los clichés alrededor de unas disciplinas y otras. Lo único que hace falta es escuchar los deseos de los pequeños. Y en lugar de estigmatizarlos o etiquetarlos, en lugar de decirles si están bien o no, potenciarlos. Al fin y al cabo, hablamos de deporte. Y en el deporte cabemos todos y todas.

9

EQUIPO

Quiero comenzar, una vez más, con la frase que define a la perfección lo que significa ser del colectivo LGTBI y que para mí se ha vuelto casi un mantra a lo largo de este libro: lo que no se ve es como si no existiera. Por eso mismo es tan importante la visibilidad de referentes LGTBI en todos los ámbitos. Si bien en casi todos los sectores de la sociedad existen personas abiertamente gais, lesbianas, trans y bisexuales, en el deporte siguen brillando por su ausencia. Algunas personas siguen queriendo reducir nuestra identidad a la esfera privada. Pretenden que no manifestemos quiénes somos, que no hablemos de ello, que no exterioricemos nada que nos pueda identificar como personas LGTBI, como personas que se salen de la norma. El argumento que más utilizan es que ellos no van diciendo que son heterosexuales. Como ya hemos visto, no es necesario que alguien hetero diga que lo es, pues la presunción de heterosexualidad está totalmente extendida en la sociedad. Cuando asumimos que todos a nuestro alrededor son heterosexuales es porque no hace falta hablar de ello. Se da por hecho.

Dicha presunción constriñe a las personas LGTBI, que nos vemos obligadas durante toda nuestra vida a una continua salida del armario. No importa que lo hayamos hecho hace años con nuestra familia, amigos y en el trabajo. Siempre que encajemos en lo que la sociedad entiende por norma, se aplicará dicha presunción de heterosexualidad sobre nosotros y, por ende, nos vemos obligados a volver a exponernos y salir nuevamente del armario. Ocurre con nuevas amistades, nuevos compañeros de trabajo e incluso en conversaciones aleatorias desconocidos.

Así, se hace evidente la necesidad de visibilizar que las personas LGTBI existimos y ocupamos espacios. Que no solo estamos reducidas a un estereotipo fruto de una construcción social que durante tantos años nos ha identificado con cierta apariencia o comportamiento. Porque efectivamente hay personas que con su simple imagen, apariencia o expresión se identifican como LGTBI, pero también hay otras que no cumplen esos estereotipos. Como hemos visto en capítulos anteriores, esta realidad ha afectado históricamente al deporte y hoy en día aún lo sigue haciendo. Por desgracia, no todas las historias tienen un final feliz o se desarrollan sin problemas. Aunque ese no fue mi caso, soy consciente de que con mi testimonio he podido ayudar a otras personas. Sin embargo, mi mensaje positivo no es la realidad que otros chicos y chicas LGTBI han vivido. Por eso, vamos a conocer la historia de otros deportistas que también dieron el paso y decidieron visibilizarse para poder ayudar a los demás. Si bien no todos corrieron la misma suerte que yo de contar con el apoyo familiar, de amistades y compañeros. Otros se vieron empujados a exponer su realidad para denunciar las dificultades a las que se tuvieron que enfrentar.

Pues bien, hablar de deporte y visibilidad supone hacerlo de la extenista Martina Navratilova. Nacida en la antigua Checoslovaquia en 1956, Martina es una de las tenistas más laureadas de todos los tiempos, con 59 títulos de Grand Slam en su haber, sumando las tres modalidades (individual, dobles femeninos y dobles mixtos). Martina comenzó a sentirse atraída por mujeres en su adolescencia, pero no fue hasta los dieciocho años cuando tuvo su primera relación lésbica y terminó de comprender su verdadera identidad sexual. Se lo contó a su familia en una época muy complicada para las personas LGTBI, en la que la homosexualidad era considerada una enfermedad. Además, en su país los homosexuales eran enviados a centros psiquiátricos y las mujeres nunca llegaban a salir del armario. De hecho, su padre se tomó la orientación sexual de Martina especialmente mal, llegando incluso a afirmar que prefería que su hija hubiese sido prostituta. Con ese panorama, la tenista buscó nacionalizarse como estadounidense y lo consiguió en 1975. Fue en 1981, lejos de su país natal, cuando se visibilizó como mujer abiertamente lesbiana. Martina fue toda una pionera, llegando a dar este paso en lo más alto del deporte incluso nueve años antes que otro gran referente como Justin Fashanu, del que conocimos su historia en el capítulo anterior.

Desde entonces, Navratilova ha sido una ferviente defensora de los derechos de las personas homosexuales. Sin embargo, su larga lucha como activista se ha visto empañada en los últimos tiempos por varias declaraciones tránsfobas, posicionándose claramente en contra de la participación de las mujeres trans en la categoría femenina. A este respecto, publicó un artículo en el diario *The Times* titulado «Las reglas en los atletas trans recompensan a los tramposos y castigan a los inocentes», en el que escribía lo siguiente: «Es una locura y es un engaño. Me complace dirigirme a una mujer transgénero en la forma que prefiera, pero no me gustaría competir contra ella. No sería justo» [...]. Un hombre puede decidir ser mujer, tomar hormonas si así lo requiere cualquier organización deportiva, ganar todo lo que esté a su alcance incluida una pequeña fortuna y luego puede revertir su decisión y volver a hacer bebés. Es una locura y un engaño [...], es injusto para mujeres que tienen que pasar a competir contra personas que, biológicamente, siguen siendo hombres».

Esta no era la primera vez que cargaba contra las mujeres trans en el deporte femenino. También hizo uso de sus redes sociales para expresar: «No puedes proclamarte mujer y ser capaz de competir contra las mujeres, debe haber algunos estándares, y tener un pene y competir como mujer no encajaría en ese estándar».

Es obvio que existe mucha desinformación acerca de estos temas. Banalizar la realidad tan cruda que viven las personas trans reduciéndolo a ganar medallas es tener poco conocimiento de las dificultades a las que esta parte del colectivo se enfrenta día a día. ¿Quién se sometería a un proceso tan estigmatizante a nivel social como una transición únicamente por ganar una medalla? ¿Nos hemos parado a pensar en las consecuencias que conllevan dar un paso de tal magnitud? Escuchando un argumento tan simplista como vacío, da la sensación de que las personas trans no sufren ningún conflicto una vez identifican su sexo sentido, mientras que la realidad es bien diferente. En España, por ejemplo, las personas trans tienen una tasa de desempleo superior al 80 por ciento, según los datos de la UGT. El 90 por ciento de las personas trans han sufrido violencia física alguna vez en su vida. El 90 por ciento. Muchas de ellas se ven obligadas a abandonar sus hogares debido al rechazo de sus propias familias, a dejar los estudios ante las dificultades en casa o en los centros educativos, y son empujadas por la sociedad a la única salida posible ante una situación tan sensible: la prostitución.

Primero debemos tener claro que no existe un único momento en el que una persona trans toma conciencia de su identidad. Hay personas que, en la misma infancia, a los cuatro o cinco años e incluso antes, comienzan a manifestar que su identidad no se corresponde con el sexo asignado al nacer. Hay quien llega a comprenderlo en la adolescencia. Y también hay personas que se ven obligadas a andar un camino más largo hasta la aceptación y la valentía de entenderse y dar ese paso y lo hacen en la madurez. Si como homosexual es difícil desprenderse de todos los prejuicios negativos y la educación que hemos recibido durante toda nuestra vida, hacerlo para identificarse como persona trans es aún más complicado. Creer que ser trans es fácil denota no haberse parado a pensar ni un instante qué significa serlo. Ojalá el problema de las personas trans solo fuese el deporte. Eso supondría que las preocupaciones de esta sigla del colectivo son otras menos importantes. Asimismo, supondría que tienen aceptación en casa y en los colegios e institutos, y que sus reivindicaciones vitales son otras. Pero la realidad hoy es bien diferente. Su lucha más básica es otra.

Además, hablar de ventaja competitiva tampoco es justo. Para empezar, el problema en este aspecto siempre viene por las mujeres trans, no por los hombres trans. Una demostración más del machismo imperante en el deporte. Se da por hecho que, al haber nacido con características biológicas masculinas, se es superior a las mujeres en el deporte. Esta suposición es tremendamente machista. También lo es suponer que todos y cada uno de los cuerpos masculinos son físicamente superiores a los femeninos. Solo tenemos que detenernos un instante y mirar a nuestro alrededor. Existe un amplio abanico de diversidad corporal. No es lo mismo el cuerpo de un ciclista que el de un jugador de balonmano. Ni el de una atleta que el de una halterófila. Yo, por ejemplo, he coincidido con mujeres waterpolistas cuyos cuerpos son más grandes que los de algunos compañeros, por no hablar de que son infinitamente superiores que los de un chico que no haga deporte. Por tanto, asumir que todos los cuerpos masculinos son biológicamente superiores a los femeninos no es ni justo ni fiel a la realidad. Desde luego, no es lo mismo una mujer que inicia su transición después de estar años en la élite del deporte, que una que da el paso en su adolescencia y cuya hormonación impide su desarrollo corporal. Partiendo de la base de que el desarrollo de los cuerpos es completamente diferente entre una persona y otra, cabe recordar que los bloqueadores hormonales que las personas trans toman no les otorga ninguna ventaja competitiva.

A menudo se utiliza el argumento de que las mujeres cis pueden verse en riesgo ante la presencia de mujeres trans en las categorías femeninas, ya que son susceptibles de sufrir daños físicos provocados por estas últimas. Pero nunca se habla de que, por ejemplo, en un deporte de contacto y exigente a nivel físico como el rugby, se compite en categoría mixta hasta los dieciséis años. Así, estamos de acuerdo en que a los dieciséis años ya existen diferencias físicas, musculares y biológicas entre algunos hombres y algunas mujeres, sin embargo, esto no es impedimento para que ambos compitan en una misma categoría. Por tanto, eliminamos ese falso mito de que se pone en peligro a las mujeres cis.

En lo relativo a la participación de mujeres trans en el deporte, nuestras cabezas vuelan inmediatamente hacia la élite. Se nos olvida que, según datos del CSD (Consejo Superior de Deportes), el porcentaje de personas que hace deporte de élite en España es del 4 por ciento. El 96 por ciento restante hace un deporte base, amateur, de ocio..., es decir, hace deporte por diversión. Cabe recalcar que los organismos internacionales tienen sus propias herramientas y mecanismos para regular el deporte. Sin ir más lejos, hasta 2021 el COI (Comité Olímpico Internacional) exigía a las mujeres trans constantes controles para confirmar su participación. Los niveles de testosterona debían estar por debajo de los diez nanomoles por litro de sangre durante los doce meses previos a la competición, así como la obligación de someterse a controles esporádicos cuando el propio COI lo solicitase. Es una medida curiosa, puesto que en el deporte masculino no se hace ninguna medición de la testosterona. Bajo esta normativa, la halterófila neozelandesa Laurel Hubbard fue la primera deportista trans en competir en unos JJ. OO., en Tokio 2020. Hubbard compitió como hombre hasta los treinta y cuatro años, momento en el que inició su transición, en 2012. Tras iniciar su hormonación y cumplir todos los requisitos que solicitaba el COI, pudo participar en los JJ. OO., clasificándose para la ronda final, pero quedando muy lejos de los puestos de medalla. El caso de Hubbard es inspirador, ya que ha sido la primera persona trans en participar en unos JJ. OO. y también una clara demostración de que la presencia de personas trans, incluso en la élite, no es sinónimo de ventaja competitiva.

Con la normativa actual del COI se eliminan estos requisitos y se transfiere a las federaciones internacionales la potestad de decidir y regular la presencia de las personas trans en cada disciplina. Por un lado, es una victoria, pues la postura aboga por respetar los derechos humanos y no discriminar a nadie por su identidad de género, aunque, por otra, el COI no toma partido y deja en manos de otros esta decisión. Por ejemplo, la primera decisión tránsfoba tuvo como protagonista a la Liga Internacional de Rugby, que prohibió la participación de jugadoras trans en los partidos internacionales. Precisamente el deporte en el que se compite de manera mixta hasta los dieciséis años es quien borra a las mujeres trans. Da igual que una chica haya empezado su hormonación con catorce años, tenga un cuerpo normativo y con unos niveles de testosterona y desarrollo físico y muscular que puedan encajar en lo que es considerado como «canon femenino». El hecho de ser trans le impide competir.

Prohibir a todo un colectivo la participación por el mero hecho de formar parte de dicho colectivo, sin discernir entre un caso y otro, es un flagrante caso de discriminación. Lo más terrible de discursos así no son solo las puertas que el deporte cierra a las mujeres trans en activo, sino que calan y se producen casos como el que ocurrió en 2020 en Cataluña. La federación catalana de natación prohibió competir a una niña trans de ocho años. Esta niña tenía en su DNI el nombre sentido, pero su edad le imposibilitaba legalmente cambiar el sexo. La federación alegaba que era un varón y que, por tanto, no podía competir con niñas. ¿Os imagináis el sufrimiento de esa pobre niña con solo ocho años? ¿Cómo tuvo que sentirse cuando le dijeron que no era quien decía ser, que no podía nadar con sus compañeras? ¿Y los padres? ¿Cómo debieron sentirse al tener que denunciar públicamente la tremenda injusticia que estaban cometiendo con su hija? ¿Qué necesidad existe de hacer pasar ese trago a una persona tan pequeña? ¿Es ese el deporte que queremos construir?

Personalmente siento vergüenza de que estas cosas pasen en el deporte. El problema de discursos como el de la federación de rugby o el de Martina Navratilova, no solo atañen a personas como Laurel Hubbard, activas deportivamente y en la élite, también a menores como la niña catalana a la que no quisieron dejar competir. Personas que no buscan llegar a la élite, sino beneficiarse de todo lo bueno que tiene el deporte. Sentirse parte de un grupo, tener esa aceptación y cariño de un equipo. Empaparse de los valores asociados al deporte. La disciplina, el esfuerzo, la superación, el compañerismo... Negarle todos estos valores y las experiencias que se viven desde el deporte a alguien por el mero hecho de ser quien es me parece terrorífico. Recordemos que solo un porcentaje muy muy bajo llega a la élite del deporte. Una vez en la élite, las federaciones y organismos internacionales tienen sus propias bases para regular (de manera justa o injusta) la participación de las personas trans. ¿Pero cuál es el porcentaje de personas trans en la élite deportiva? Si se estima que el porcentaje de personas trans en el mundo está entre el 0,3 y el 0,5 por ciento, y de las personas que hacen deporte solo un 4 por ciento llega a la élite, ¿hablamos de un peligro para la desaparición de las mujeres cis en la categoría femenina?

No me cansaré de decir que el deporte es un espacio en el que todas las personas deberíamos caber; un derecho al que todos deberíamos tener acceso. Porque además de competición, es amistad, arraigo, valores, experiencias, salud... y no podemos negarle la oportunidad de todo esto a las personas que más lo necesitan. Cuando alguien sufre por ser quien es y porque no le aceptan en casa, o en el colegio, lo último en lo que piensa es en mostrarse tal y como es en un ámbito como el deporte. Por tanto, a aquellas personas que tienen un poco más de suerte, y cuentan con el apoyo familiar, o de sus compañeros de clase, abrámosles también las puertas del deporte. Y es que ni siquiera tener abiertas esas puertas significa que uno lo vaya a pasar bien. Es el caso de Marc Fortuny. Marc es un judoca nacido en Barcelona. Comenzó a hacer judo a la edad de cinco años. Consiguió llegar a la élite del deporte, pero su carrera se vio truncada cuando a los veintitrés años decidió dejarlo. La ansiedad que sentía le impedía continuar con su gran pasión y le empujó a abandonar el deporte al que llevaba ligado tantos años. El motivo era su homosexualidad. No fue hasta los dieciocho años que fue consciente de que le gustaban los chicos. Al principio, intentó negarlo y la culpabilidad comenzó a hacer acto de presencia en su vida. Pese a que todo su entorno sabía que le pasaba «algo», nadie imaginó cuál era el verdadero motivo. Vivió una lucha interna en la que creía que el deporte le estaba impidiendo ser él mismo, por lo que en 2015 lo dejó. Sin embargo, no tardó en comprender que el problema radicaba en él, en no querer contar la verdad, hasta que lo habló con un amigo. Lo hizo llorando y angustiado, pero sus miedos se disiparon al ver que nada había cambiado y que todas las reacciones de las personas con las que habló fueron positivas. Necesitaba encontrarse consigo mismo y aceptarse. Dos años después de dejar el judo, terminó la carrera e hizo su TFG sobre la visibilidad LGTBI en el deporte de élite. Aquello le hizo reflexionar y comenzó a ver una realidad distinta. Al fin, rompió esa barrera mental e invisible y llegó a la conclusión de que el judo era su pasión, por lo que en 2018 volvió a competir. Además, salió del armario públicamente en los medios de comunicación con el objetivo de dar a conocer su historia para ayudar a otros, cosa que consiguió.

Sin embargo, aquellos tres años fuera del circuito de competición le pesaron, y el cambio de prioridades vitales y laborales de su vida hicieron que no durase mucho tiempo compitiendo. Marc tuvo que dejar el deporte estando en la cresta de la ola y siendo muy joven, con mucho techo aún por alcanzar, debido a la presión que sentía al tener que gestionar su identidad con vergüenza. El miedo al rechazo de sus compañeros y la falta de herramientas para gestionar lo que le estaba sucediendo acortaron su carrera. Con su visibilidad, Marc ha tratado de ayudar a otros jóvenes a correr una suerte diferente y que tengan los referentes que él nunca tuvo. «A esos chicos y chicas que puedan estar viviendo lo mismo que yo, les diría que no están solos, que merece la pena dar el paso, que no dejen que su orientación afecte su rendimiento deportivo, porque van a encontrar más ayuda en el deporte de la que se piensan, y merece la pena. No hemos venido a sufrir en esta vida. La gente que te quiere te va a aceptar tal y como eres y no merece la pena sufrir.»

Una historia parecida vivió el nadador malagueño Carlos Peralta. Carlos y yo fuimos compañeros de club, el Real Canoe, durante varios años. Lo fichó el equipo de natación en 2012, con apenas dieciocho años. Yo tenía veintiuno y era mi tercera temporada en el club. Coincidíamos en las instalaciones y nos cruzábamos a menudo, pero nunca tuvimos mucho trato. Aunque Carlos tenía novia, yo había escuchado algún comentario de que era «maricón». En el verano de 2016, Carlos había sido olímpico en los Juegos de Río. Tenía un palmarés envidiable: veintiuna veces campeón de España en 200 metros mariposa y poseía el récord del país, solo batido por él mismo hasta en ocho ocasiones. Además de su brillantez como deportista, estudiaba Medicina. Un fuera de serie. Después de mi salida pública del armario, también en 2016, Peralta comenzó a acercarse a mí. Empezamos a saludarnos y a charlar de vez en cuando, a mandarnos algún mensaje... Yo interpreté ese acercamiento como una llamada de auxilio, aunque fuera de manera inconsciente. Y es que hay una leyenda urbana que dice que las personas LGTBI contamos con una especie de radar que nos permite tener cierta sensibilidad a la hora de identificarnos entre nosotros. La realidad es que yo no sabía con certeza si Carlos era gay, pero sí había algo que me hacía estar convencido de ello. Cuando alguien se siente solo, o necesitado de un referente y encuentra a alguien como él, en un entorno compartido como el del mundo del deporte, con una realidad y un espacio compartido, que en este caso era el mismo club, la reacción lógica es acercarse para salir de donde uno está. O bien para pedir consejo, o simplemente para hablar de lo que sientes con alguien que sabes que te puede comprender. Así fue como interpreté ese cambio en nuestra relación. Como un mensaje codificado por su parte. Además, sobre él ya existían «sospechas» y su intimidad se miraba con recelo, por lo que acercarse a alguien visiblemente homosexual podía suponer un fuerte argumento para que los demás le identificasen como «maricón».

Pero yo ya había estado allí y conocía a la perfección esa necesidad primitiva de poder quitarte la careta con alguien, aunque eso supusiera poner en riesgo todo lo demás. Conque le abrí las puertas de mi amistad para que pudiese sentirse cómodo y seguro. Nunca tratamos directamente el tema ni le hice ninguna pregunta al respecto. Me limité a tratar de construir un espacio seguro y que fuese él quien diera los pasos, para así ser uno de sus apoyos y de las muchas ayudas que cualquiera necesita en un momento vital tan importante. Con el paso del tiempo, Carlos vivió un gran cambio y comenzó a quererse, aceptarse y visibilizarse. A vivir todo aquello que durante tantos años se había privado a sí mismo. Tras los juegos, empezó a pensar en él como persona y no como deportista, lo que le llevó a una gran desmotivación. Había vuelto con la adrenalina por las nubes, queriendo más competición, sin embargo, el cuerpo le decía otra cosa. Le decía que tenía que ser él mismo, era como si hubiese estado encerrado en una jaula y ahora tuviera que liberarse. Su cuerpo había estado sometido a cuatro años de represión y ya no aguantaba más. Estaba viviendo una pequeña depresión poscompetición, lo cual es bastante común entre los deportistas después de haber logrado superar un gran reto. Muchos compañeros y entrenadores achacaron ese bajón deportivo a su orientación sexual y a la vida que estaba llevando. Pero resultaba cuando menos curioso que aun estando de fiesta fuese capaz de sacar un año de carrera, ser campeón de España y quedar en el top 20 mundial. Carlos sintió que la gente relacionaba su recién visible identidad sexual con su posible bajo rendimiento; quedó claro que lo atribuían a un estilo de vida gay totalmente estereotipado. Sin embargo, no estuvo dispuesto a seguir reprimiéndose más. Aunque entendía que su actitud les chocara, tenía claro que su prioridad no era contentar a los demás, sino ser feliz él. Peralta, tras una serie de desencuentros con el club, fichó en 2017 por el Club Esportiu Mediterrani, de Barcelona, buscando clasificarse para los JJ. OO. de Tokio 2020. Aun así, no terminó de encontrar la motivación y la forma suficientes como para engancharse al ciclo olímpico, por lo que dejó la natación y regresó a Málaga, donde terminó la carrera de medicina. Como exdeportista visible, Carlos sigue teniendo una gran repercusión mediática y hace una gran labor como activista. Su historia, al igual que prácticamente todas las historias de las infancias y adolescencias LGTBI, tiene un punto de unión, que no es otro que el rechazo que durante aquella parte de la vida se tuvo a sí mismo. La negativa a escucharse. La negativa a aceptarse tal y como era.

Conocí también a Vanesa Caballero. La madrileña es boxeadora profesional, fue la primera deportista lesbiana en salir públicamente del armario en España y, por tanto, también la primera púgil en hacerlo. Se inició en el kick boxing siendo adulta, con veinticuatro años, a través de una amiga. Fue al poco tiempo cuando su actual entrenador, Manolo del Río, la introdujo en la competición, y dio definitivamente el salto al boxeo, deporte del que desde entonces no se ha separado. La vallecana compagina su trabajo de jardinera con la competición en la categoría de cincuenta y siete kilos.

Actualmente, a su madre sigue sin gustarle que practique boxeo. Cuando era pequeña, tampoco le gustaba que jugase al fútbol. Quería que a su hija le gustasen las «cosas de chicas»: el color rosa, las muñecas, etcétera. Aunque no le importaba que fuera homosexual, su madre siempre quiso que encajara en el estereotipo de chica femenina. Su padre, por el contrario, sí que aprueba y disfruta con la profesión de su hija.

Ella se dio cuenta de que le gustaban las mujeres a los dieciséis años, cuando soñó con una chica de su barrio. Desde ese momento empezó a cuestionarse si le gustaban las chicas. Había tenido algún que otro novio, pero más por presión social que por propio interés. Al poco tiempo empezó una relación con una compañera de su equipo de fútbol, y fue entonces cuando definitivamente comprendió que le gustaban las mujeres.

En la época en que Vanesa era adolescente, no existían los móviles ni internet como lo conocemos ahora, así que no tenía ningún tipo de información. Recuerda que en la revista Súper Pop había un apartado en el que daban información a gays y lesbianas a través de un teléfono, esa fue la única información a la que pudo tener acceso. Como no conocía a ninguna chica lesbiana ni tenía ningún referente volvió a encerrarse en el armario hasta los dieciocho años.

Ya mayor de edad, se mudó con sus padres a Tenerife y tuvo la suerte de que sus vecinas eran lesbianas. Fueron ellas las que le ayudaron a descubrirse y conocerse. Por motivos laborales volvió a mudarse a Madrid, y allí empezó a salir con una chica de su trabajo. Sus padres seguían sin saber su orientación sexual, aunque sus amigas sí tenían conocimiento y aceptaban su identidad sin problemas. Finalmente, cuando cumplió diecinueve años, decidió sincerarse con sus padres enviándoles un mensaje de texto. Su madre la acusó de estar trastornada y su padre no lo aceptó, prohibiéndole que se comunicara con él durante dos años. Consiguió reconciliarse con él, y aprovechó para preguntarle el porqué de su comportamiento. La respuesta fue que sentía que había fallado como padre y que tenía miedo del qué dirían sus amigos y conocidos, creyendo que no la había educado como debía.

Salió públicamente del armario cuando sus patrocinadores la animaron a ello para que abriese el camino a otras personas como ella. Una vez sus compañeras de trabajo conocieron su orientación, algunas de ellas se negaron a cambiarse de ropa mientras estuviera ella delante.

Después de todas estas dificultades, ella tiene claro que ni la ropa ni los juguetes ni el deporte tienen género. Hay que ignorar la opinión de los demás cuando se trata de escoger lo que a uno le hace feliz. Tú eres el dueño de tu vida.

Marc Fortuny tuvo que abandonar el deporte por no sentirse preparado para afrontar la exigencia del judo y la convivencia con sus compañeros con su propia realidad como hombre homosexual. Una vez se dio ese autoabrazo que tanto tiempo se había negado, a los veinticinco años, y quiso volver al deporte, ya era tarde para él.

Carlos Peralta reprimió sus sentimientos y ocultó su realidad bajo el objetivo de la excelencia deportiva y el reto de llegar a unos JJ. OO. Cuando lo consiguió, se dio cuenta de que había renunciado a sí mismo por el camino. Que había cuidado con mimo la parte deportiva, pero había abandonado lo más importante: la personal. Cuando se visibilizó como homosexual a los veinticuatro años, no hubo nada que hacer, las puertas del deporte se le habían cerrado.

Laurel Hubbard no pudo ser una mujer hasta los treinta y cuatro años. Tardó todo ese tiempo en poder entender quién era y dar el paso de asumir su verdadera identidad de género. Por suerte para ella, no fue demasiado tarde y pudo competir al más alto nivel como mujer en unos JJ. OO.

Martina Navratilova fue una mujer pionera que decidió mostrarse como lesbiana en 1981, en la élite del deporte, y en una época en la que ser homosexual estaba considerado una enfermedad.

Vanesa Caballero perdió contacto con su familia después de contarles que era lesbiana. Durante dos años, su padre no quiso hablar con ella ni verla. Desde que empezó a boxear, no ha dejado de escuchar que practica un deporte de hombres, así como burlas llamándole «marimacho». Ha tenido que soportar que compañeras le dijeran que no querían cambiarse en el mismo vestuario por su orientación sexual.

Al igual que yo, todos ellos y todas ellas comparten una parte de sus historias. Sus primeros pasos estuvieron marcados por la soledad, el miedo y la vergüenza; sentimientos que son intergeneracionales. A pesar de los años trascurridos, de la evolución de las sociedades y de la conquista de derechos y libertades para el colectivo LGTBI, siguen existiendo dificultades y brechas que impiden que vivamos una igualdad real. Una igualdad que trascienda una ley o un papel. Una igualdad que se manifieste en el fin del dolor por ser quienes somos. En el fin de puertas que se nos cierran en el ámbito deportivo. Para ello siguen haciendo falta más historias de valientes. Algunas positivas, otras sin final feliz. Pero, sin ninguna duda, todas ellas necesarias e inspiradoras para cambiar el paradigma que existe en el deporte y que no podemos seguir perpetuando ni un segundo más. Mientras un solo niño o una sola niña siga sintiendo que por ser tal y como es se le cerrarán las puertas del deporte, tenemos trabajo.

10

NUEVOS COLORES

Existen momentos en la vida en los que uno siente que se ha estancado. Que ya conoce hacia dónde conduce el camino que se encuentra transitando y que no tiene posibilidad de crecer estando donde está. Ya sabemos que salir de la zona de confort no es fácil, pero hay ocasiones en las que la necesidad de enfrentarse a un nuevo reto son mayúsculas. Y eso es lo que me pasó en 2019. Ese año fue muy importante en mi vida, ya que es cuando decidí salir de la zona de confort por segunda vez. Hasta aquel momento, llevaba una vida muy cómoda, aunque personalmente no había arriesgado mucho. Sí es cierto que había dado un paso gigantesco al visibilizarme y salir públicamente del armario, pero, como ocurre con todo en la vida, incluso aquello lo había «normalizado». Mi vida discurría sin grandes cambios, tanto en lo deportivo como en lo personal, y una constante sensación de estancamiento me perseguía.

Esa temporada, la de 2018/2019, acabó sin pena ni gloria. Otra más a nivel colectivo que se marchaba como si nada. Aunque no había muchas opciones. Teníamos un equipo muy descompensado entre jóvenes y veteranos, sin ningún fichaje o extranjero. Exceptuando los partidos que jugábamos en nuestra piscina, pues siempre eran complicados para los rivales, no habíamos conseguido ser regulares y hacer un buen año. Poco a poco fui notando como la ilusión por el waterpolo era menor. Además, desde hacía varios años, la inversión que el club, el Real Canoe, hacía en la sección de waterpolo disminuía. Cada temporada recortaban un poco más el presupuesto de la anterior, por lo que el futuro inmediato no pintaba muy halagüeño. Con ese panorama, habíamos pasado de ser un equipo competitivo, pelear contra todos y acabar entre los tres primeros de la clasificación a tener la opción de ganar solo unos pocos partidos a lo largo del año y ver cómo los objetivos y aspiraciones ambiciosas se iban diluyendo. En resumidas cuentas, sin músculo financiero para atraer jugadores determinantes, ni tampoco un proyecto deportivo interesante, mi gen competitivo estaba ahogado. Me sentía cómodo liderando al equipo y asumiendo todas las responsabilidades, pero la frustración cada vez estaba más presente. Me notaba estancado y sin posibilidad de progresar. Tanto fue así que en ese proceso tuve miedo de perder la ilusión por el deporte. Temía acomodarme y acostumbrarme a la situación. Como jugador estaba en el mejor momento de mi carrera, sin embargo, tenía la sensación de que el equipo no me acompañaba deportivamente. Y lo peor es que sabía que era algo que no iba a cambiar, que era una batalla perdida. Esa sensación es muy desagradable, te come por dentro y afecta a tu día a día. No está en el ADN de un deportista rendirse o bajar los brazos, pero cuando se entra en una dinámica de este tipo, es muy fácil que marque tu rutina, y que no se afronte con la misma intensidad los entrenamientos, las relaciones con tus compañeros, la competición... No quería perder la pasión por el waterpolo ni el gusanillo indescriptible antes de que el árbitro pite el inicio de un partido, por eso me esforcé mucho en buscar retos individuales que me generasen ambición y motivación.

De hecho, la mayor parte de la temporada mantuve vivas la competitividad y la ilusión gracias al reto de ganar por tercer año consecutivo el trofeo al máximo goleador de la liga. Una historia con final feliz. Sin embargo, aquella alegría fue momentánea. Una vez terminó la temporada, tenía muy claro que no quería seguir compitiendo únicamente por algo así. Vi con nitidez que necesitaba un nuevo reto deportivo y luchar por objetivos colectivos, y no individuales. Una vez más, acudió a mi rescate la filosofía que ha marcado mi vida. Los puntos se conectaron y desde un medio digital dedicado al waterpolo me pidieron que les concediera una entrevista para valorar la temporada y contarles mis expectativas. Una de las preguntas obligadas fue si estaba dispuesto a cambiar de aires o si ya nunca me iba a mover de Madrid. No tenía nada que perder y tampoco había recibido ninguna oferta, así que contesté que me sentía preparado para dar un salto cualitativo y abandonar la capital, puesto que no me cerraba a escuchar propuestas que me planteasen nuevos retos. En ese sentido, no es que los equipos no tuviesen interés en mí, es que siempre que había recibido alguna oferta para marcharme la había rechazado. Durante muchos años prioricé estar bien en casa, en mi ciudad, rodeado de mi familia y mis amigos, bien valorado en mi club y con unas buenas condiciones. Dejar Madrid para acabar en un equipo del mismo rango deportivo que el Canoe no me interesaba. Siempre pensé que, si hacía un cambio, tenía que ser para mejor.

En el año 2011, el mejor club de España, el Barceloneta, me hizo una oferta muy interesante, la cual rechacé, pues en ese momento tenía veinte años y no me sentía psicológicamente preparado para dar un paso tan grande. Sentía que necesitaba un poco más de madurez y de rodaje. Además, estaba progresando mucho en mi equipo y mi entrenador por aquel entonces, alguien a quien admiraba y respetaba, me dijo que era mejor que siguiese formándome en Madrid y que diera el salto en unos años. Esas palabras eran lo que yo necesitaba escuchar, así que dije que no. A lo largo de mi vida he pensado mucho cómo hubiesen sido las cosas si hubiese hecho las maletas y me hubiese marchado. Quizá ya fuese tres veces olímpico, hubiese cobrado mucho dinero y seguiría en ese club. O quizá estaría jugando fuera de España, ganando títulos y más dinero aún. O quizá no hubiese funcionado y me hubiese tenido que volver a Madrid. No tengo ni idea de qué habría sido de mí de haber aceptado aquella oferta. Lo que tengo muy claro es que no sería la misma persona que soy hoy en día. Con veinte años estaba en un proceso personal de descubrimiento. Estaba empezando, por fin, a entender quién era, a aceptarme, encontrarme y quererme. Y en esa etapa tuvieron mucho que ver mis amistades, además del sentirme en casa, protegido, arropado y seguro. Es más que probable que con la dinámica tan exigente de viajes y competición en un club como el Barceloneta, no hubiese vivido un proceso así y habría tenido que seguir escondiendo quién era ante los demás y ante mí. O no, no lo sé y nunca lo sabré.

El caso es que tomé una decisión de la que no me arrepiento. En la vida constantemente se abren caminos ante nosotros y tenemos que tomar decisiones que marcan nuestra existencia. Yo tomé una decisión que es la que me ha llevado al ahora y a ser la persona que soy. Y no puedo estar más feliz de ello. Por eso procuro no perder el tiempo planteándome si las decisiones que tomé en el pasado fueron las acertadas o no. Siempre creo que las puertas que uno no abre son las que le llevan a abrir otras que hacen que las cosas que nos pasaron sucediesen. Los puntos siempre acaban conectándose.

Por tanto, ante un historial tan extenso de negativas a clubes de fuera, se había extendido el pensamiento de que yo jamás me movería de Madrid y que sería hombre de un solo club. Gracias a esa entrevista, el presidente del Club Natació Terrassa, que la leyó, se enteró de que estaba dispuesto a cambiar de aires. Rápidamente llamó al entrenador del club, Dídac Cobacho, para comentárselo. Este, al día siguiente, se puso en contacto conmigo, me dijo que había visto la entrevista y que estaban buscando un boya (así se llama la posición en la que yo juego, algo así como el pívot en baloncesto o balonmano, o el delantero en fútbol. La referencia en ataque) para suplir al que había dejado el equipo. Lo primero que quería saber es si verdaderamente estaba dispuesto a dejar Madrid, porque estaban interesados en contratarme. Por primera vez en mi vida sentí que esta vez iba en serio. Lo que había cambiado no era el interés por parte de los clubes, sino que yo al fin estaba dispuesto a dar ese paso, ya que sentía que era el momento. En apenas dos días de conversaciones llegamos a un acuerdo en lo que a las condiciones económicas se refería. El Terrassa me ofrecía un contrato de dos años, y yo solo quería firmar uno y revisarlo al finalizar de la temporada. El club, que quería garantías de que me iba a involucrar en un proyecto largo, tenía sus reservas sobre esta opción, pero finalmente acordamos firmar un año con opción a otro. Pactamos las condiciones de las dos temporadas y establecimos que, si ambas partes estábamos de acuerdo, el contrato se renovaría de manera automática y que, si alguna de las partes no estaba conforme, tenía que avisarlo antes del 25 de febrero. Había acuerdo. El siguiente paso era comunicárselo al Canoe. Desde hacía días sabían que tenía alguna que otra oferta y que salir del club era una opción más que probable. De hecho, tras mantener una conversación con el entrenador, ni siquiera me plantearon una oferta de renovación para intentar retenerme. Eran conscientes de que no podían competir ni deportiva ni económicamente. Tanto el presidente como el entrenador me desearon mucha suerte y me dijeron que siempre tendría las puertas del club abiertas. Aquella misma mañana reuní a todos mis compañeros y les confirmé la noticia. También entendieron que diese el paso. Me di un abrazo con todos y cada uno de ellos y me despedí. En mis palabras no reconocí tristeza por cerrar una etapa de mi vida que había durado diez años. Ni por despedirme de mis compañeros. A lo largo de esos diez años había tenido decenas y decenas de compañeros diferentes. El único que había aguantado era yo. A pesar de tantos años, mi sentimiento de pertenencia estaba muy debilitado.

Así que solo quedaba hacerlo oficial. Viajé de manera *express* hasta Terrassa desde Madrid para conocer al presidente y al entrenador, firmar el contrato y hacerme la foto de bienvenida. Estaba impaciente por empezar a disfrutar de lo que tenía por delante. En uno de los momentos más importantes de mi vida, no estaba teniendo en cuenta que iba a dejar todo atrás por el deporte, sino que comenzaba a andar un camino para el que ahora sí estaba preparado. Todo aquello que en 2011, con veinte años, me asustaba, se había esfumado. Supongo que el corazón es sabio y sabe cuándo es el momento para algo y cuándo debe esperar. Definitivamente, era el momento de crecer. Recuerdo la sensación al entrar por la puerta de la que iba a ser mi nueva casa, fue algo indescriptible; me sentía como un niño pequeño en una tienda de juguetes. Sin duda, la ilusión de quien empieza una nueva andadura. Cuando por fin me senté en el tren de vuelta, pude mirar a través de la ventana, cerrar los ojos y resoplar. Ya no había marcha atrás. Como en muchos de los momentos más importantes de mi vida, había un viaje de por medio, así que aproveché para anunciarlo oficialmente por mis redes sociales y acompañarlo de un texto reflexivo sobre qué me había llevado a dar ese paso, todo lo que suponía y dar las gracias a las personas que habían compartido mi larga etapa en el Canoe. Antes de darle a «publicar», esperé un ratito y disfruté del momento. Ese instante era solamente para mí. Eché la vista atrás y recordé tantísimos años de entrenamientos, de partidos, de viajes, de madrugones, recordé a mucha gente con la que había coincidido a lo largo del tiempo. Pensé en mi yo de ocho años que por primera vez tocó un balón de waterpolo. En todos los disgustos y decepciones que este deporte me había dado. Y las alegrías, que eran inmensamente mayores. Pensé en todo el camino que había andado hasta llegar a ese momento. Las llamadas y mensajes de enhorabuena y felicitación no se hicieron esperar. Ya estaba hecho, era el principio de mi nueva realidad.

Tenía por delante todo el verano y, aunque en el horizonte estaba el momento de cambiar totalmente mi vida y dejar todo atrás, aún no era consciente de lo que significaba para mí. Creo que, en cierto modo, no quise serlo. Mi subconsciente sabía lo que suponía, y lo que me cuesta cambiar el chip las primeras 48 h, por lo que supongo que una manera de protegerme fue bloquear aquellos pensamientos hasta nueva orden. De hecho, ese verano lo disfruté muchísimo, puesto que una vez que acaba la competición se reduce bastante el nivel y la exigencia de los entrenamientos. Al no haber responsabilidades deportivas, digamos que el ambiente es más relajado, seguimos haciendo deporte y entrenando, pero de manera distendida. Son unos meses muy necesarios, ya que el año deportivo es muy largo, exigente y estresante. Así, estos meses más livianos coinciden con las fechas del Orgullo, que es cuando los ayuntamientos y las empresas quieren incorporar entre sus acciones charlas, formaciones y conferencias sobre este tema. Por eso, es la parte del año en la que me surgen más contrataciones y colaboraciones. Con ese propósito fui a un festival en Tenerife al que ya había asistido el año anterior para recibir un premio; fue una gran experiencia. También lo fue el viaje que hice a Ciudad de México, con el fin de hacer una minigira centrada en gente joven. Años atrás había entablado amistad con el CEO de esa empresa, una compañía de viajes, quien me propuso la posibilidad de ir allí a hablar sobre mi experiencia y el colectivo. Lo cierto es que me apetecía mucho hacer ese viaje, si bien estoy seguro de que la inercia de mi fichaje por el Terrassa y por atreverme a hacer cosas que nunca había hecho tuvieron algo que ver. Fue un verano de catarsis. Tomé la decisión de salir de mi zona de confort y se produjo una especie de efecto dominó en todas mis decisiones. Incluso en las relativas al ocio.

El verano fue acabando y la sensación de vértigo y de miedo se empezó a apoderar de mí. Creo que es algo común que nos ocurre a todos cuando nos enfrentamos a lo desconocido o eso me gusta pensar. Es decir, tomé la decisión convencido de marcharme de casa y dejar atrás la vida que conocía y a mi familia, mis amigos, mi ciudad, mis rutinas... para irme a un lugar completamente diferente. Pero al ver tan cerca que aquello se iba a materializar, los pensamientos intrusivos aparecieron de nuevo. Visto con perspectiva, no era para tanto. Tenía veintiocho años y me iba a Terrassa, en Barcelona, a dos horas y media de tren de Madrid. Aunque para mí era probablemente el paso más importante de mi vida y darlo suponía un cambio radical en lo que hasta entonces conocía. Siempre he sentido algo de pánico cuando he tenido que experimentar un cambio en mi vida. Es parte del significado de crecer. Abandonar la zona de confort, en la que se está muy bien, pero donde dicen que no suceden las mejores cosas. El cosquilleo inseguro de cerrar una etapa y abrir otra. El vértigo que supone avanzar, dejando atrás muchas cosas, algunas de ellas para siempre. Y eso es inevitable que nos produzca sensaciones encontradas. Felicidad por el nuevo reto, y tristeza al echar la vista atrás. Así que esa última semana del verano no la disfruté. Constantemente rondaba por mi cabeza el pensamiento del «momento». El momento de salir por la puerta de casa y montarme en el taxi con destino al aeropuerto. Una vez se cerrase la puerta, estaría solo en esta nueva aventura.

Finalmente llegó el día. Notaba un nudo en el estómago. Desayuné con mi madre, hicimos juntos la maleta, me duché, me vestí y llamamos al taxi. Entonces cogí la mochila y la maleta y caminé hacia la puerta. Allí estaban mi madre y mi abuela de pie, esperándome con lágrimas en los ojos. No lo pude contener y también me puse a llorar como un niño. Nos abrazamos los tres. Fue un momento precioso. Mi madre es la persona más especial e importante de mi vida y era la primera vez que me iba a separar de ella. Después de muchos besos, me despedí y me subí al taxi. Sin embargo, en cuanto puse un pie en el aeropuerto, mis pensamientos cambiaron. Entraron en acción la capacidad de adaptarme y de tirar para adelante. Es una de las cosas buenas que me ha dado el deporte. Toda esa inseguridad y ese miedo se fueron apagando y la chispa de la ilusión por emprender un nuevo camino comenzó a avivarse. Empezaba el que hasta entonces era el viaje de mi vida.

Pensé en todo lo bonito que tenía por delante. Vivir en otra ciudad, ser independiente, conocer a nuevas personas, un nuevo equipo... y, lo mejor de todo, volver a competir. Hacerlo en un club con mucha afición y con aspiraciones a todo. Sentí la ilusión de cuando se te abre un mundo de posibilidades y no sabes qué te puede deparar, pero estás deseando comprobarlo. Llegué a Barcelona y me fui directamente al que iba a ser mi nuevo hogar, un piso que tenía alquilado el club justo enfrente de las instalaciones deportivas. En las negociaciones del contrato, me habían ofrecido esa posibilidad, aunque tenía que compartirlo con una chica del equipo femenino de waterpolo. Como era la primera vez que salía de casa y estaba acostumbrado a estar con gente, me pareció que lo más natural era que ese primer año, al menos, conviviese con alguien. Si tuviese que tomar esa decisión ahora, habría elegido vivir solo. Pero en ese momento pensé que era lo correcto. No obstante, tardé muy pocos días en darme cuenta de que había tomado la decisión equivocada. Iba a vivir con otra jugadora del club, también era de Madrid, pero bastante más pequeña que yo, siete años para ser más exactos, aunque llevaba allí un par de años. Ella estaba de campeonato con la selección española de categorías inferiores, e iba a tardar un par de semanas en llegar al piso. Así que estaría yo solo en el inicio. A pesar de que el piso era un poco feo, puse mi habitación a mi gusto y la convertí en mi pequeño santuario. Me sentí como en casa en cuanto coloqué todas mis cosas. Además, como el piso tenía dos baños y éramos dos personas, ella se quedó uno y yo me quedé el otro. Todo pintaba fenomenal. Así que me fui a dormir feliz y pensando que la aventura había empezado con buen pie, deseando que llegara la mañana siguiente, pues era el gran día, mi primer entrenamiento con el Terrassa.

Aunque llevaba jugando contra el club diez años y conocía a la mayoría de los jugadores de las piscinas, realmente solo tenía relación cercana con un par de ellos, con quienes había coincidido varias veces en la selección nacional, y con otro madrileño al que conocía desde hacía diez años y con el cuál había jugado en el Canoe. Siempre es difícil llegar a un sitio en el que la gente ya se conoce y ha estrechado lazos, pero desde el primer momento noté el cariño de todos mis compañeros. El hermanamiento del vestuario era espectacular. En todos mis años de carrera deportiva, jamás me había encontrado un vestuario con mejor ambiente que en Terrassa. Me llevaba genial con todos, por una mera cuestión de cercanía de edad, pero en especial con Ricard, Óscar y Sergi, que fueron mis tres grandes amigos durante los años que estuve allí. Compartíamos mucho tiempo juntos durante los entrenamientos y también fuera de la piscina; siempre estuvieron ahí cuando lo necesité. Una conversación, una cena, una salida nocturna... Nunca me fallaron. Sin duda, otro de mis apoyos fue mi entrenador, Dídac. No suele ser habitual establecer una relación personal, más allá de lo profesional, con un entrenador, pero Terrassa era especial hasta para eso. Se convirtió en un amigo.

Y desde luego una de las cosas más importantes fue que por primera vez me sentía yo mismo en un vestuario. Había llegado a Terrassa en el mejor momento de mi carrera, pero allí fui capaz de sacar mi mejor versión. Fue muy fácil, en realidad. Estaba rodeado de grandes jugadores y era increíblemente sencillo explotar todas mis cualidades. Sin embargo, en este aspecto tuvo mucho más que ver la parte psicológica que la parte meramente deportiva. Por fin podía ser yo sin arrastrar esa «mochila» que tanto pesaba. Aunque hacía ya tres años que había salido públicamente del armario, y cinco o seis años que se lo había contado a algunos compañeros y la gran mayoría del equipo ya lo sabía, todavía sentía una especie de barrera psicológica a la hora de ser yo al cien por cien en mi equipo. Algo lógico teniendo en cuenta que había fichado por el Canoe cuando apenas tenía dieciocho años. En aquel momento de mi vida, aún estaba en pleno proceso de entenderme y aceptarme tal y como era. Ese camino en el que te abrazas a ti mismo por ser quien eres, en el que deconstruyes las ideas que te han acompañado a lo largo de tantos años y dejas a un lado el pensamiento u opinión de los demás y te empoderas con aquello que te atormentaba suele ser un proceso muy largo. No se anda de un día para otro. Después de tanto tiempo viviendo en secreto mi orientación sexual, con el estigma y el miedo a mostrarme tal y como era por no querer sufrir el rechazo de mis compañeros ni de mi familia, hizo que una vez di el paso definitivo el cambio no fuese completo. ¿Cómo es posible que fuese más fácil hacer un reportaje para una revista y contar a todo el mundo que era homosexual, a sentar a mis compañeros y decírselo (algo que, por cierto, nunca hice)? La respuesta es que todos alguna vez hemos sentido que es más fácil sincerarnos con un desconocido que hacerlo con una persona a la que queremos o nos importa. Esto se debe a que sentimos miedo a que esa persona importante para nosotros no entienda lo que le estamos contando, reaccione mal o nos rechace. Todo tiene que ver con el miedo. Por eso para mí fue mucho más sencillo hablar con periodistas que no conocía y contárselo a través de una revista a miles de personas que nunca iba a ver, que reunir a todos mis compañeros de equipo, con los que debía pasar seis horas diarias, y contarles abiertamente que era homosexual.

Por tanto, después de diez años en el Canoe, aunque ya era una persona visible, seguía teniendo esa barrera psicológica que me impedía darle la total y absoluta normalidad que sí le podía dar en otros ámbitos de mi vida. Es como si después de tantos años fingiendo e interpretando a un personaje y de quitarme «la careta» aún quedasen pequeños pedazos. Si bien la realidad es que nada había cambiado. Seguía siendo yo, en el mismo lugar, con los mismos compañeros y las mismas rutinas. No es como apretar un botón y que todo cambie. Sin embargo, es lo que sucedió en Terrassa. Al igual que lo hizo en el cambio entre el instituto y la universidad. Y el principal motivo fue que el club me había fichado sabiendo quien era, es decir, sabiendo que era homosexual. Pero eso nunca fue algo importante para ellos. Lo que los llevó a querer contratarme fue exclusivamente mi rendimiento deportivo. Allí no tuve que mantener una imagen o apariencia como sí hice en el Canoe. En este club empezaba de cero, no tenía nada que esconder ni llevaba lastre en la mochila. Era un nuevo comienzo. Y aquello se transmitió en mi relación con los compañeros y entrenadores. Sin miedo ni complejos. Por eso, cuando pude ser yo al cien por cien, no había quién me parase. Porque cuando uno está bien fuera del agua y es feliz, también lo es dentro del agua. El deporte es más psicológico que físico.

Aquel primer año fue inolvidable. Coloquialmente, fue llegar y besar el santo. Nos clasificamos para jugar la Champions League por primera vez en la historia del club. Teníamos partidos cada semana 2. Uno europeo y otro de liga nacional. Viajábamos cada 15 días para jugar en Europa (Budapest, Marsella, Génova, Hannover...). Eso sí, con tanto viaje y ritmo de competición entrenábamos muy poco. Casi todo eran partidos y viajes. No obstante, el buen nivel del equipo nos hizo alcanzar excelentes resultados en la fase grupos de Champions, íbamos segundos de liga, y conseguimos clasificarnos para la final de la Copa del Rey. Redondo. Como un balón amarillo.

El año se pasó rapidísimo. Como nos iba tan bien, Dídac me dejó pasar en casa veinte días en las vacaciones de Navidad, probablemente las mejores de mi vida hasta la fecha. El año 2020 empezó tan bien como acabó el 2019. Sin embargo, cuando encarábamos la recta final de la temporada, eso de lo que llevábamos oyendo hablar desde hacía semanas y nos parecía algo de lo que no teníamos que preocuparnos, el coronavirus, se convirtió en un grave problema mundial. Recuerdo muy bien las fechas porque justo el fin de semana anterior, que era mi cumpleaños, después de jugar el partido de liga el sábado, me fui a Madrid para celebrarlo con mis amigos. Volví el domingo a Barcelona y el lunes anunciaron que los contagios en España se habían disparado. Empezaron a cerrar locales, colegios, cancelar competiciones... y nos tocó. El jueves por la tarde, tras una semana extraña de entrenamientos, nuestro entrenador nos comunicó que cerraban la instalación hasta nueva orden. Pasé todo el viernes y el sábado en casa, hasta que el Gobierno de España declaró el Estado de Alarma el sábado por la noche y tuvimos que quedarnos confinados. Esos días hablé con mi madre sobre qué hacer, porque no teníamos ni idea de cuánto podía durar aquello, y dudaba si quedarme solo en el piso en Terrassa, puesto que mi compañera se había marchado, o volverme a casa con mi familia. Por suerte, tomé la acertada decisión de regresar a casa. Y menos mal, porque no sé qué hubiese sido de mí allí solo durante tres meses. Una época rara para todos, en la que fuimos aprendiendo y conociendo el virus a medida que pasaban los días, por lo que al no saber cuándo nos volveríamos a incorporar y si se continuaría la liga, nos mandaban diariamente una serie de ejercicios físicos para hacer en casa y mantener la forma. Por ejemplo, una de las tareas consistía en cronometrarnos y mandar el tiempo, o grabarnos. Dependiendo del día. Como muchos, fui uno de esos que se puso a entrenar en casa. También es cierto que el waterpolo, al ser un deporte de agua, era muy difícil adaptarlo a una rutina, porque nadie o casi nadie tenía piscina en casa. El objetivo de aquellos entrenamientos era no perder demasiada masa muscular durante el tiempo que estuviésemos encerrados. Por fin, terminó la pesadilla y pudimos incorporarnos a los entrenamientos en junio. Entrenamos los meses de junio y julio, hasta que yo, diez días antes del final de julio, me contagié de coronavirus. Pasé quince días en casa, pero enseguida me recuperé. Tras las vacaciones de verano, retomamos los entrenamientos en septiembre y comenzó una nueva temporada, la 2020/2021. Una marcada tanto a nivel deportivo como personal por las medidas anti-COVID y en la que me volvió a cambiar la vida.

11

TARJETA ROJA

Hay capítulos de nuestra vida que nos marcan y jamás olvidamos. Se convierten en nuestros grandes hits, grabados a fuego y a los que tenemos un acceso rápido y nítido en nuestra memoria. Estos sucesos son historias que nos acompañan y que recordaremos hasta el final de nuestros días. Se trata de episodios que nos convierten en las personas que somos. Algunos buenos, acompañados de personas inolvidables y risas, y otros malos, llenos de lágrimas y dolor. Así, a veces recordamos cosas que pueden parecer intrascendentes, pero se nos quedan marcadas por un motivo. El primer gol, la primera vez que me llamaron maricón, el primer beso, el día que salió la portada de *Shangay*... son algunos de los grandes momentos de mi vida, cuyos recuerdos aparecen colocados en mi cabeza como discos en una estantería que poder escuchar a placer una y otra vez.

La primera temporada pospandemia no solo fue la más extraña de mi carrera, sino que también vendría acompañada de otro momento histórico personal. Uno que jamás olvidaré y que me empujó a tomar una de las grandes decisiones de mi vida. Supongo que la sensación de rareza no se trató de algo particular, ya que todos en el día a día, en el trabajo..., vivimos algo parecido. Fue un año muy difícil debido a todas las restricciones de la llamada nueva normalidad. Confinamientos perimetrales, toques de queda, aforos, etc.

La vida continuaba, aunque de manera completamente diferente a como la conocíamos. Reconozco que se me hizo muy cuesta arriba. Tras toda la semana entrenando, echaba mucho de menos el poder ir a cenar o a tomar algo con los compañeros cuando tenía tiempo libre. Esa siempre ha sido mi vía de escape. Después de una semana de estrés, entrenamientos exigentes y partido, el mejor plan posible era reunirme con amigos y compañeros, reírme y desconectar. Sin embargo, buena parte del año, las circunstancias y las restricciones tuvieron todo el ocio y la restauración cerrados desde las 4 de la tarde. Por lo tanto, mi vida se resumía en ir de la piscina a casa y de casa a la piscina.

A nivel deportivo, el año tampoco fue mucho mejor. Hubo cancelaciones de partidos por contagios de la COVID-19, las gradas durante los partidos estaban vacías, puesto que jugábamos a puerta cerrada, nos hacían muchísimas PCR para competir y viajar... Resultó un año difícil, aunque a pesar de todo, pudo discurrir con cierta «normalidad». Como digo, la vida seguía. De otra manera, pero seguía. Sin embargo, aquella temporada sucedió algo que marcó mi vida reciente y que hizo tambalearse los principios sobre los que había construido mi activismo. Apenas quedaban unos pocos partidos para finalizar la temporada. Jugábamos un partido trascendental contra el Club Natació Sabadell en nuestra piscina. El equipo que ganase lograría la plaza de Champions League para la temporada siguiente y disputaría la máxima competición continental. Si a eso le sumamos la eterna rivalidad entre los dos equipos del Vallès de Cataluña (Terrassa y Sabadell), el resultado era el de un encuentro de alto voltaje, de los que un deportista tiene marcado en su calendario y espera con ansia. Un partido especial.

En el equipo rival jugaba Nemanja Ubovic, waterpolista serbio nacido en mi año, 1991, con el que había coincidido desde los dieciséis años en muchos torneos internacionales con el equipo nacional. Nos habíamos enfrentado en mundiales, europeos... y justo el Sabadell lo había fichado aquella temporada. Cuando el árbitro pitó el final del primer tiempo, le hice un comentario a un rival, al que habían expulsado momentáneamente. Se trataba de un amigo madrileño al que también conocía desde hacía muchísimos años y con el que había compartido vestuario en el Canoe. Ubovic, al escucharme dirigirme a este compañero, me espetó que me callara.

Mi respuesta obvia fue decirle que se callara él, a lo que contestó en un perfecto español: «Cállate, maricón». En ese instante, un escalofrío recorrió todo mi cuerpo. Me quedé completamente bloqueado. No sabía qué decir o qué hacer. Era incapaz de procesarlo. En mi mente aparecieron muchos pensamientos sobre cómo reaccionar. No sabía si irme a por el jugador y pegarle, si salirme del agua y decirle al árbitro lo que me había llamado y no jugar más como protesta, si continuar con normalidad y simplemente olvidarlo... Todos aquellos pensamientos confluyeron como un torrente en apenas unos segundos, pero mi nivel de bloqueo mental era tal que no supe gestionarlo. Al final, no reaccioné.

Reconozco que aquel incidente me sacó por completo del partido. Había finalizado el primer cuarto, así que me dirigí nadando hacia el bordillo de la piscina para recibir las indicaciones de mi entrenador. Estaba con la mirada perdida mientras le oía dar instrucciones, pero no escuchaba ni prestaba atención, sino que no dejaba de pensar en qué debía hacer. La victoria en ese encuentro suponía que nos clasificáramos para jugar la Champions League la temporada siguiente, por lo que el sentido de la responsabilidad con mi equipo y mis compañeros se apoderó de mí. Desde luego, me hubiese encantado reaccionar de manera contundente. Mi corazón, que latía muy fuerte, y la rabia por el insulto me empujaban a ello, pero mi cabeza me dijo: «Víctor, vas a perjudicar al equipo si lo haces». Era un partido que había que ganar sí o sí para asegurarnos competir en Europa. No podía permitir que mis emociones se pusieran por delante de los intereses del equipo. Finalmente, no quise ser egoísta y desoí a mis instintos. El partido continuó con normalidad hasta su finalización. Si bien yo no volví a estar centrado en todo el encuentro. Solo estaba deseando que acabase el partido e irme a casa. No tenía ganas de jugar. El árbitro pitó el final del partido y habíamos cumplido el objetivo. Ganamos. Yo, que siempre he sido muy ambicioso y exigente conmigo mismo, y que nunca me he contentado con meter uno o dos goles, marqué tan solo un gol, pero ni siquiera me importó. Nunca había sentido esa desidia en mitad de un partido. Mi único pensamiento era el de desaparecer de la piscina y llegar de una vez a casa.

Así pues, es habitual que al finalizar el partido los dos equipos rivales se saluden afectuosamente fuera de la piscina en un pasamanos. Se forman dos hileras y vamos saludando uno por uno a los rivales. Yo me coloqué en la fila junto a mis compañeros y fui estrechando las manos de los rivales. Hasta que llegó Ubovic y me tendió la mano. Le miré a los ojos y le dije que no con la cabeza, en un claro gesto de que después de aquel insulto no pensaba ser cordial. Él volvió a insistir acercándome la mano aún más, pero yo continué caminando sin mirarle. Entonces lo escuché. Cuando apenas había dado un par de pasos hacia delante, oí perfectamente cómo desde atrás decía: «Bah... maricón». Y entonces estallé. Me giré y le señalé con el dedo mientras le gritaba: «Soy maricón, sí. Y qué. ¿Y qué pasa? Ya te gustaría ser la mitad de hombre de lo que soy yo». Se hizo el silencio en la piscina.

Los compañeros que estaban a mi lado me agarraron por la cintura y los brazos para que no siguiese avanzando hacia él. Me sujetaban. Toda la rabia e impotencia que llevaba sintiendo desde que me insultara minutos atrás explotaron y salieron a flote. Había estado intentando ocultarlas y disimularlas. De hecho, no le dije a ningún compañero lo que había pasado durante el partido. Quise llevarlo yo solo y no condicionar a nadie ni sacar del partido a ningún otro compañero, pero ese segundo insulto... pudo conmigo. El jugador, con una sonrisa burlona, se dio la vuelta y comenzó a andar en dirección contraria. Yo pude escuchar como la grada, que estaba a escasos dos metros de donde nos encontrábamos, le recriminaba su actitud, así como sus insultos. Al darme también la vuelta y comenzar a andar, los aficionados que estaban en las gradas empezaron a aplaudirme y a gritarme mensajes de apoyo. Me dirigí inmediatamente a la mesa arbitral, que estaba al otro lado de la piscina, donde se encontraban los dos árbitros que habían pitado el encuentro, y les dije que recogiesen en el acta que el jugador número 10 del Sabadell, Nemanja Ubovic, me había llamado «maricón». Los árbitros se miraron entre ellos. Estaba clarísimo que no era una situación cómoda, pues sabían que este era un tema delicado. Uno de ellos me dijo que no podían reflejar en el acta algo que no habían escuchado, por lo que le pregunté si no era suficiente con que se lo estuviese diciendo yo. Me contestó que lo sentía, pero que no podía hacer algo así, pues no lo habían presenciado. La impotencia y la frustración hablaron por mí: «Entonces voy a tener que denunciarlo en redes sociales, porque esto no puede quedarse así. Estoy harto».

De verdad, ya no podía con más injusticias. Al final, ambos árbitros me dieron su apoyo y se mostraron de acuerdo en que cosas así no podían seguir sucediendo en el mundo del deporte. Tras la breve conversación, fui de nuevo hacia donde estaban mis compañeros, ya que estábamos a punto de recibir la típica charla pospartido. Todos ellos ya eran conscientes del altercado y, lógicamente, sus miradas se depositaron sobre mí. Aguanté el tipo durante los pocos minutos de la charla y, una vez terminó de hablar el entrenador, se fueron acercando para preguntarme qué había pasado exactamente y para mostrarme su apoyo. Agradecí, parco en palabras, cada uno de los gestos de mis compañeros, pero estaba deseando desaparecer de allí. Cogí mi albornoz y en lugar de ir camino a las duchas, con el resto del equipo, me salí a la piscina exterior del club, que estaba prácticamente vacía, a sentarme en una hamaca y tomar un poco el aire. Me puse el albornoz, me subí la capucha y en cuanto me senté y supe que estaba solo, rompí a llorar. Lloré desconsoladamente. Empecé a sacar todo lo que tenía dentro y ya no podía parar. En mi cabeza estallaron las voces que durante años y años me habían señalado y dicho aquella maldita palabra: maricón. La primera vez que a los ocho años dos alumnos mayores del colegio se acercaron a mí y me llamaron maricón. Los insultos de mis compañeros de equipo durante años. Las risas entre ellos mirándome, diciendo que no se querían duchar con un maricón al lado. Los comentarios de mi padre sobre los maricones. Las conversaciones de amigos y compañeros en el colegio y la universidad sobre lo que significaba ser maricón. Los debates sobre si los maricones somos enfermos o no. Sobre si deberíamos poder casarnos o no. Sobre si preferían un hijo drogadicto o uno maricón. Cuando vi a Aquilino Polaino en horario de máxima audiencia en televisión diciendo que él podía curar la homosexualidad, y todo ese tiempo en el que pensé que quizá lo mío tenía solución. Eran tantas cosas...

Sentí dentro del pecho todos aquellos años que pasé observando mi manera de hablar, de caminar, de correr, de sentarme, todo lo que hipervigilaba para no levantar sospechas de que era homosexual. Tantos años tratando de convencerme de que «lo que me pasaba» era algo pasajero. Tratando de ser una persona que no era. Tantos y tantos años llevando quien era con vergüenza, con miedo. Tantos años solo, sin nadie con quien poder hablar de lo que me pasaba, de lo que sentía, de quién era. Tantos años sin poder ser yo. Tantos años sin poder ser.

Fue como meter en una coctelera cientos de momentos y agitarlos. Y que, al hacerlo, todas aquellas heridas y cicatrices que me hice durante el camino de mi vida, sufriendo por ser quien era, se abriesen en canal y sangrasen a la vez. De verdad pensaba que esas heridas estaban cerradas y curadas, que formaban parte del pasado, pero ese momento en soledad, sentado con mis pensamientos y lo que acababa de ocurrir, me enseñó que hay heridas que no se cierran nunca. Que hay heridas que tratamos toda nuestra vida de curar y cicatrizar, pero que siguen blandas porque somos lo que hemos vivido. E incluso la persona que se cree más fuerte es capaz de reabrir esa herida que creía cicatrizada y sangrar de nuevo. Esas cicatrices permanentes tienen que ver con todo eso que las personas LGTBI vivimos hasta llegar a querernos. Porque, aunque tengas suerte como yo y nazcas en una familia que te quiere y te acepta tal y como eres, siempre te vas a encontrar con gente fuera de casa que te va a hacer daño por ser quien eres. En el colegio, en la calle, en la televisión, en el trabajo, en el gimnasio, en otros lugares del mundo... A veces conscientemente, pero muchas otras de manera inconsciente. A veces con comentarios, o bromas que no tienen gracia, a veces con miradas, a veces con su indiferencia...

Mientras tanto, me decía a mí mismo que cómo era posible que un simple insulto me afectase de aquella manera. Nunca jamás me había permitido estar así. Que el poder de herirme, que nunca le había otorgado a nadie, se lo hubiese dado con treinta años a un chico que me era indiferente era inexplicable; no tenía sentido. Tardé tiempo en darme cuenta de que lo que ocurría era precisamente todo lo contrario. En realidad, siempre me había afectado. Desde el primer día. Pero mi instinto de supervivencia había hecho que actuase defendiéndome. Creándome una coraza para protegerme. Centrándome y exigiéndome el cien por cien en todo lo que hacía. Siempre he querido ser el mejor estudiante, el delegado de clase, el mejor jugador, el capitán del equipo... siempre el mejor en todo. Siempre buscando la aprobación de los demás para subsanar la desaprobación propia, que no era otra que esa verdad interna que tanto odiaba y que tan poco me gustaba de mí. Mi homosexualidad. Mi identidad. Y, en el fondo, aquello se trataba de un intento desesperado de gustar a los demás. De buscar la aceptación y el cariño de los otros para quererme yo mismo a través de sus elogios. La realidad era que siempre había estado herido y aquella coraza que construí con ocho años para protegerme y de la que pensaba que me había deshecho al salir del armario llevaba conmigo desde entonces. Seguía ahí, conmigo. Nunca se fue.

En mi caso, mostrarme afectado nunca había sido una opción, porque ¿qué ocurre cuando te molesta algo y lo manifiestas? Pues que cualquier persona que quiera hacerte daño ya sabe qué fibra tocar. Conoce cuál es tu debilidad y tiene el poder para hacerte daño cuando quiera. Y cuando hablamos de la etapa comprendida entre los ocho y los dieciocho años, esas «debilidades» son tesoros que hay que guardar para que, o bien no sean descubiertos, o si lo son, tratarlos con indiferencia, aunque por dentro queme y desgarre. A esta conclusión es a la que había llegado por puro instinto de supervivencia. No sé si es buena, mala, mejor o peor, lo que sí sé es que fue la que me ayudó a sobrevivir.

Tras varios minutos intentando recobrar la compostura, tomé aire y en cuanto estuve un poco mejor, fui de camino a la ducha. No tenía ninguna gana de afrontar las preguntas de mis compañeros sobre lo que había pasado. En primer lugar, por no darle más vueltas, y en segundo lugar porque temía venirme abajo delante de ellos. Quería demostrar en ese momento una fortaleza que no tenía y no estaba seguro de poder aguantar el tipo mucho más tiempo. Al final, me duché prácticamente solo, ya que la gran mayoría se estaba terminando de cambiar, además, al llegar al vestuario, debieron de vérmelo en la cara porque ninguno hizo ninguna pregunta al respecto, lo cual agradecí. Quizá se me olvidó recordar que eran mis compañeros de equipo y que compartía con ellos cinco o seis horas diarias y que me conocían a la perfección, exactamente igual que yo a ellos. A veces no hace falta ni hablar para saber cuándo es o no un buen momento. Así, me cambié rápido y en el camino de vuelta a casa intenté mirar con cierta distancia lo que había pasado. Desde que salí públicamente del armario en 2016, siempre había tenido un discurso en clave positiva. Había puesto en valor todo lo bueno, pensando que lo que la gente necesita, especialmente los más jóvenes, son referentes positivos e historias que ayuden a perder el miedo y empoderarse. Suficientes historias negativas hay ya como para sumar una más, me decía. Estaba convencido de que era más importante lanzar un mensaje que hiciera perder el miedo a quien me escuchase. Sin embargo, no siempre fui sincero y coherente al comunicar en los medios mis vivencias y mi experiencia. Y en ese momento me encontraba justamente en el otro lado. Del lado de aquellas personas que quizá no veían posible dar ese paso y perder el miedo que yo siempre había intentado que perdieran los demás. Lo cual me llevó a preguntarme: ¿acaso es la primera vez que te llaman maricón en el waterpolo? Claro que no. Había habido otras muchas. La diferencia es que siempre las había obviado.

En 2016 decidí apostar por un mensaje positivo y no hablar de esa otra cara, anteponiendo una historia «blanqueada» de lo que significa ser homosexual en el deporte de élite. Pero este hecho y cómo me había afectado supuso un punto de inflexión en mi hasta ahora forma de pensar. ¿No estaba contribuyendo a invisibilizar la realidad con un mensaje únicamente positivo? La realidad que otras muchas personas viven a diario en el ámbito deportivo. La realidad que muchos menores sufren día a día en colegios y vestuarios. La respuesta era que sí. Por supuesto que hacen falta referentes positivos con mensajes esperanzadores, pero no podemos mirar a otro lado ante realidades crudas que también existen. No tienen por qué ser incompatibles. Y en la construcción de un relato positivo, yo había terminado por desechar comportamientos y situaciones de homofobia que había vivido en mis propias carnes con tal de no alejarme de ese relato. Pero aquel insulto me hizo pensar que yo también tenía la responsabilidad de denunciar esas cosas. Ya no solo por mí, sino por todas aquellas personas que no tenían ni el altavoz mediático ni la posibilidad de ser escuchadas. Durante años normalicé y justifiqué comportamientos homófobos bajo el mantra «a doscientas pulsaciones todos somos capaces de decir cosas de las que luego nos arrepentimos». Y, aunque esto es cierto, hay límites; y la realidad era que yo nunca los había sobrepasado. Claro que a lo largo de mi carrera he insultado a rivales, compañeros o árbitros, me han expulsado o he tenido acciones feas de las que me arrepiento. Pero jamás había cruzado ese límite e insultado compitiendo a nadie por su color de piel. Ni por su orientación sexual. Ni por su origen. Hay límites que la gran mayoría de las personas no cruzamos. ¿Por qué justificaba a quienes lo hacían? La respuesta es sencilla. Porque las personas LGTBI llevamos escuchando, viviendo y sufriendo los mismos comportamientos desde que tenemos uso de razón. Toda la vida nos llevan llamando maricón, bollera, travelo y un largo etcétera de insultos (trucha, sarasa, bujarra, bujarrón, tortillera, transformer, marimacho, manolo, sopla nucas, muerde almohadas, camionero, mariposón...). La imaginativa y variedad para insultar a las personas del colectivo es infinita. Y cuando llevas viendo una cosa así desde siempre, acabas viéndolo como algo «normal». Acabamos entendiendo a esa persona porque «son cosas que se dicen» o «es una manera de hablar». Os diré algo: ni es una manera de hablar ni son cosas que se dicen. Es simplemente homofobia.

Para desacreditar esta evidente homofobia, muchas personas utilizan el argumento de que la violencia siempre ha existido y siempre existirá. Que de toda la vida ha habido burlas a los niños por llevar gafas, tener granos o estar gordo. Y que no hay colectivos ni leyes para proteger de la gordofobia ni la «granofobia». Lo peor es que casi siempre lo dicen con sorna. Para desacreditar nuestra lucha. Para quitarle hierro a lo que vivimos. Para normalizarlo. Efectivamente existe violencia y acoso frente a todo tipo de personas. Todo lo que se salga de la más absoluta normatividad es blanco de ataques. Pero ser gordo, tener granos, ser alto o bajito o cualquier tipo de condición física que se quiera señalar no es eximente de ser LGTBI. Es decir, hay muchos niños y niñas que suman situaciones de discriminación por el aspecto físico y por su orientación o identidad de género. Por ejemplo, imagina el camino tan complicado que vive una niña trans. Ahora súmale a esa situación que la niña, además de ser trans, es gitana y tiene granos. O es gorda. Pues esto es lo que se conoce como discriminación múltiple. Por desgracia, hay muchísimos tipos de discriminación y de violencia. A este respecto, la siguiente reflexión ya la comenté en un capítulo anterior, pero creo que vale la pena recordarla una vez más. Así, estaremos de acuerdo en que en la cúspide de la pirámide, es decir, los que menos discriminación sufren, está el hombre blanco, heterosexual y cisgénero. En un segundo escalón está la mujer blanca, heterosexual y cisgénero. Y luego le sumamos todo tipo de características disidentes como la orientación sexual, la raza, la etnia, el aspecto físico, la discapacidad... Características que nos alejan de lo que está establecido como «normal». Que nos alejan de la norma.

Probablemente nos encontraríamos en el último escalafón a una mujer, trans, racializada y con discapacidad. El pack completo.

Nadie tiene que sentarse con sus padres y decirles «mamá, papá, tengo granos» o «mamá, papá, tengo gafas» con miedo a escuchar que es una vergüenza para la familia, que preferirían tener un hijo drogadicto a uno con granos, con miedo a que le echen de casa por el mero hecho de llevar gafas. Tampoco nadie tiene que taparse los granos o esconder las gafas en público por miedo a que le agredan o insulten en la calle o en el metro. No despiden a nadie por tener gafas, ni matan a nadie en ningún país del mundo por tener granos. Desde luego, no existe ningún partido político que diga que las personas gordas o bajitas deban tener menos derechos. O que defiendan que no deberían poder casarse. Sería absurdo que algo así pasase. Pues la realidad de las personas LGTBI es justamente esa. La violencia que sufrimos es muy específica, y por ello requiere de una atención y sensibilidad especial. Exactamente igual que ocurre con la violencia racista. Y es que ese tipo de violencia, como digo, la llevamos sufriendo la gran mayoría de las personas LGTBI durante toda la vida, por lo que normalizamos que nos insulten.

Retomando el hilo anterior, cuando llegué a casa solté la mochila y me senté frente al teléfono móvil. No quería dejar pasar más tiempo. Necesitaba compartir cómo me sentía en aquel momento, estando todo tan reciente. Me grabé en vídeo contando todo lo que me acababa de pasar. Inicié el vídeo con la voz quebrada. A medida que las palabras iban saliendo de mi boca e iba verbalizando lo que había ocurrido, notaba que el nudo en la garganta se hacía cada vez más grande. Intenté aguantar, pero a los pocos segundos, me derrumbé. No pude contener las lágrimas. Además de explicar lo sucedido, reflexionaba sobre todas las veces que había dejado pasar situaciones idénticas en favor de ser coherente con un mensaje blanco, pero reconocí que me había equivocado y que no iba a ponerme más de perfil ante comportamientos así. Solo había dos caminos, seguir siendo parte del problema o convertirme en parte de la solución. A pesar de todo, no dije el nombre del jugador que me había insultado. No sé muy bien por qué, quizá fue una manera de protegerlo. Y, aunque no se había disculpado, quise esperar a los acontecimientos. Así, finalicé el testimonio y subí el vídeo a Instagram. También lo tuiteé. Bloqueé el móvil y me tumbé boca arriba en el sofá. No tenía ni idea de cuáles iban a ser las consecuencias, pero me sentí aliviado al saber que estaba haciendo lo correcto. Inmediatamente el móvil comenzó a iluminarse y a sonar con reacciones al vídeo: WhatsApp de amigos que me escribían y llamaban, personas en redes sociales haciéndome llegar su apoyo y su cariño...

Ricard, uno de mis compañeros y amigos del equipo, había venido a buscarme a casa para sacarme de allí. Insistió en que debía salir a dar una vuelta y despejarme, que encerrarme en mí mismo no me iba a venir nada bien. Le hice caso. Aquella noche estuve con algunos compañeros de equipo tomando algo y lo cierto es que me vino genial para olvidarme del tema y desconectar. Mientras tanto, el móvil no dejó de notificar reacciones al vídeo. A la mañana siguiente, comencé a ser consciente de la magnitud que había adquirido mi denuncia. El vídeo (que actualmente está cerca del millón de visualizaciones) se había compartido y reproducido cientos de miles de veces. Cientos de miles. Tenía tanto el WhatsApp como Twitter e Instagram llenos de mensajes. Me habían escrito mis compañeros y algunos rivales, miles de personas anónimas, gente de la política, como la ministra de Igualdad Irene Montero, que había tuiteado al respecto e incluso algún futbolista, como el jugador del Real Madrid Dani Ceballos. Entre todos aquellos mensajes, no había ni uno solo de Ubovic. Había pasado la tarde y la noche, y no había sido capaz de disculparse. Entendí que no solo no se arrepentía, sino que quizá incluso se sentía orgulloso de ello. Con la fuerza que da el descansar y la salida del sol que augura un nuevo día, me volví a sentar frente al móvil y grabé otro vídeo. Ya no estaba emocionado ni con la voz quebrada. Estaba enfadado. Estaba furioso por lo que había vivido. Me hervía la sangre al pensar que, otra vez, un homófobo se iba a salir con la suya en el deporte. Y estaba decidido a que en esta ocasión no quedase así. No iba a contribuir siendo el peón de esta histórica barra libre de la LGTBIfobia en el deporte. No sin dar pelea. Esta vez sí dije el nombre del jugador serbio que me había llamado maricón. Porque no tenía ningún sentido denunciar una situación y no señalar al agresor. A los homófobos no hay que protegerles ni cubrirles. Hay que señalarles. Dije su nombre e incluso mencioné su cuenta. De todos modos, habría hecho lo mismo incluso leyendo un mensaje de disculpas. Porque, aunque hubiese agradecido el detalle y naturalmente habría aceptado las disculpas, eso no cambiaba en absoluto nada de lo que había dicho ni de lo que había ocurrido. Seguía estando igual de mal. Lo mismo sucede cuando alguna vez compitiendo me han expulsado por dar un manotazo fuera del agua o por protestar. Aunque luego fuese a disculparme con los árbitros o con el rival, la acción se había sancionado de igual manera, pues lo que se juzga es el comportamiento; el comportamiento fuera de lugar, con independencia de que después te arrepientas de haberlo hecho.

A lo largo de ese día pospartido fui recibiendo muchísimas llamadas. Los primeros en llamarme fueron los medios de comunicación. En apenas treinta minutos, cerré entrevistas con *El País, El Mundo, Marca* y La Sexta. Al poco tiempo se puso en contacto conmigo el presidente de la Federación Española de Natación. El motivo de su llamada era mostrarme su apoyo y comentarme que había trasladado lo sucedido al Comité de Competición de Disciplina Deportiva de la RFEN (Real Federación Española de Natación), quienes abrirían una investigación para estudiar los hechos. También me llamó el presidente del Consejo Superior de Deportes con el mismo fin. No eran ni las dos de la tarde y ya no sabía cuántas entrevistas había dado por teléfono para diarios ni cuántas había cerrado en los días siguientes para la televisión. Por no hablar de la cantidad de llamadas de personalidades relacionadas con la política y el deporte que había atendido. Estaba completamente abrumado. De esa forma, los días posteriores estuve atendiendo a los medios y tratando de darle la máxima cobertura y altavoz mediático posible. Pocos fueron los medios generalistas de prensa y TV que no me entrevistaron o me hicieron un reportaje. Había decidido, a través de mi suceso, denunciar una serie de comportamientos reproducidos en el deporte y, en concordancia con el mensaje, quise atender a cuantos más medios, mejor; exactamente igual que como ocurrió con mi salida del armario. En cierto modo me vi un poco sobrepasado por la situación, pero había una chispa de felicidad. Porque estaba presenciando una reacción en masa ante un acto homófobo. Aquel insulto no estaba pasando desapercibido. Todo lo contrario, estaba atrayendo la atención de los medios y se había viralizado. Estaba habiendo una respuesta. Por fin.

Sin embargo, no todo fue positivo. De igual manera que cuando salí públicamente del armario en 2016 las muestras de apoyo, afecto y cariño por parte de mis colegas de profesión y del mundo del waterpolo fueron unánimes, en esta ocasión no fue así. ¿Por qué? Al fin y al cabo, lo que había pasado es que un jugador me había llamado maricón en dos ocasiones. Algo así no debería generar ningún tipo de duda o de debate. Pues bien, lo que había cambiado era lo que estaba contando. Cuando me visibilicé, lo hice hablando maravillas de mi deporte y lanzando un mensaje positivo y lleno de esperanza. Era un valiente para todo el mundo. Pero ahora lo que estaba haciendo no tenía nada de positivo para muchos compañeros de profesión. El waterpolo estaba siendo de nuevo noticia conmigo como protagonista, esta vez para denunciar algo tan terrible como la homofobia. Por su parte, ante la presión en redes de algunos socios y el huracán mediático, el Club Natació Sabadell, al que pertenecía el jugador serbio, tomó la decisión de apartar del equipo a Ubovic hasta que se resolviera la investigación deportiva. Puede parecer un gesto coherente e implicado con perseguir la LGTBIfobia, pero no fue así. Respondieron ante la presión para evitar el cerco de los medios. Hubiese agradecido enormemente el mensaje del entrenador, del presidente o de algún miembro de la directiva del club. Una llamada de cortesía para interesarse por mí. Si bien las cosas que ocurrieron en el seno del club me las guardo para mí, solo puedo decir que entendieron el suceso como una batalla entre un club y otro, entre un jugador y otro, y no se comportaron como una entidad seria y comprometida con la defensa de los derechos LGTBI.

Y es que hablar de cosas así no gusta. Incomoda. Porque muchas personas son aliadas o están a favor de nuestra lucha siempre y cuando no hagamos mucho ruido. Siempre y cuando no molestemos. Y levantar la voz y decir «basta», hablar de homofobia y pretender que se revisen las conciencias sobre algunos comportamientos incomoda a muchas personas. Escuece. Desde el primer minuto en el que colgué el vídeo, muchos rivales me colocaron en el papel de verdugo en lugar del de víctima. Sus argumentos eran que únicamente buscaba atención mediática, que lo había hecho para ganar más seguidores. Según ellos, todo era un papelón con el que estaba encantado. ¿Os suena? ¿A cuántas mujeres violadas se les ha preguntado qué ropa llevaban puesta o si habían tomado una copa aquella noche? En ningún caso quiero comparar lo que me pasó con el horror de una violación, simplemente quiero hacer ver que el heteropatriarcado siempre trata de volver el debate en contra de las propias víctimas. Situar en el centro a la persona que denuncia su sufrimiento, cuestionando su testimonio o haciendo ver que quizá es una consecuencia de las acciones de la propia víctima. Que a nadie se le ocurra intentar cambiar el funcionamiento de las cosas. Ojo.

Para mí todo aquello era nuevo. Lo que siempre habían sido aplausos y elogios por mi coraje y mi lucha, ahora despertaba suspicacias entre los míos. En mi propio deporte. «No todo es un insulto», «Ubovic es muy buena persona», «Hay que entender que viene de otro país y tiene otra cultura», «farsante», «oportunista». Cosas así tuve que leer en mis redes sociales los días siguientes y provenientes nada más y nada menos que de gente del mundo del waterpolo. Vivir esa campaña de desprestigio fue algo especialmente doloroso. Incluso una exárbitra, para justificar el insulto del jugador serbio, se dedicó a tuitear sobre mi historial deportivo y las veces que me habían expulsado compitiendo. Yo tenía mucho que callar porque no era ejemplo de nada y, por tanto, tenía que permitir que me llamasen maricón. Ese era su mensaje. Quizá se le olvidó que precisamente los árbitros están para eso, para juzgar. Yo me habré equivocado a lo largo de mi carrera deportiva muchas veces, como todos los jugadores, pero cuando eso ha ocurrido los árbitros me han expulsado y yo he pagado mi «penitencia». He cumplido mis sanciones y ya está, no pasa nada. Es algo que forma parte del deporte. No obstante, esto era algo diferente. Yo no tenía ningún mecanismo ni herramientas para defenderme deportivamente. Lo único que tenía era mi denuncia pública.

De nuevo, se me intentó colocar en el papel de verdugo, lo cual me afectó emocionalmente las siguientes semanas al suceso. Mientras esperaba a que el Comité de Competición se pronunciara, guardé silencio. Fueron semanas muy complicadas. En muchas ocasiones llegué a pensar si merecía la pena haber denunciado. Desde luego, hubiese sido más fácil callarme, agachar la cabeza y seguir adelante, como siempre. Pasar el trago del dolor en soledad, cerrar la herida y continuar caminando. Sin embargo, en aquellos momentos tanto mis amigos como mi familia estuvieron volcados conmigo. A ellos, los que nunca me habían fallado, se sumó también mi club. No sabéis lo importante que fue para mí sentir ese calor y arropamiento en un momento tan delicado. Del primer al último miembro del

Terrassa se mantuvieron firmes, a mi lado, y me demostraron que no solo estaban conmigo, sino que estaban decididos a ir hasta las últimas consecuencias para que se sentase un precedente en este aspecto. Así, ese pensamiento fue el clavo ardiendo al que me agarré en los peores momentos. El saber que lo que estaba denunciando y por lo que estaba luchando trascendía lo personal. Aquella causa era algo mucho más grande que Ubovic y que yo. Por primera vez en la historia del deporte en España se podía sancionar la homofobia, la LGTBIfobia. Teníamos la oportunidad de dar un golpe encima de la mesa y decir «hasta aquí hemos llegado». Y ese cambio en el paradigma imperante en el deporte significaba materializar la lucha de mucha gente a lo largo de los años. Poner la primera piedra de un largo camino por andar, pero que daba su primer paso.

El 30 de abril de 2021, la Federación Española de Natación me mandó un correo con la resolución del Comité de Competición. En él había un documento de veintiséis páginas en el que se exponían los testimonios de ambas partes, tanto jugadores implicados como clubes, y se analizaban las pruebas aportadas (imágenes de televisión, fotografías y testigos). Un nuevo escalofrío recorrió mi cuerpo al abrir el correo. Lo leí con detenimiento, en soledad. Los últimos días me había hecho a la idea de que lo más lógico y razonable era que hubiese consecuencias, pero como jamás había ocurrido algo así era probable que el comité no quisiese mojarse. En fin, no sabía qué iba a encontrarme. Tras unos minutos leyendo, llegué a la última página. El comité resolvió con algo histórico: una sanción de cuatro partidos de suspensión al jugador Nemanja Ubovic y una multa de 200 €. La primera sanción por homofobia en el deporte en España. Sentí como si me quitasen un peso de encima; por fin podría pasar aquella página y continuar con mi vida. De inmediato llamé por teléfono a mi madre para decírselo. En cuanto colgué, hice lo mismo con Javi. Si había alguien que me había apoyado y dado ánimos durante aquellos días habían sido ellos dos. Luego se lo comuniqué a mis compañeros y entrenadores por el WhatsApp para finalmente compartirlo en mis redes sociales. Por su parte, los medios de comunicación también se hicieron eco de la noticia, aunque, en comparación con la denuncia, fueron muchos menos los que se pusieron en contacto conmigo, por ende, el impacto que tuvo fue menor. Es triste, pero «vende» más una mala noticia o una tragedia que algo positivo, por muy histórico que sea. Me hubiese gustado ver la misma repercusión de lo que suponía esa sanción, por todo el significado y valor que tuvo, que por la denuncia del insulto, pero soy consciente de cómo funcionan el periodismo y los medios de comunicación.

Apenas quedaban dos partidos para el final de la temporada, aunque aquellas semanas expuesto a la opinión de los demás, a críticas prácticamente diarias por parte de colegas de profesión, hicieron que desconectase emocionalmente del waterpolo. Estaba deseando que terminase la temporada y volver a Madrid. No quería saber nada del waterpolo al menos durante un tiempo. En ese sentido, en la eliminatoria contra el Barceloneta que jugué tras conocerse la sanción, sí noté que los jugadores eslavos, compatriotas y amigos de Ubovic, fueron a por mí en el agua. Tradujeron mi denuncia y la correspondiente sanción como un ataque a uno de los suyos, y supongo que quisieron cobrarse la justicia por su mano. Tuve varias acciones desagradables con ellos en las que comprobé que su intención era golpearme y sacarme del partido. No se trataba de gajes del oficio, pues habíamos jugado en numerosas ocasiones y nunca había pasado algo así. Además, su sonrisa burlona les delataba. De hecho, ninguno del resto de integrantes de la plantilla del equipo rival, compañeros con los que había coincidido en incontables ocasiones en la selección durante años e incluso otros a los que conocía desde las categorías inferiores, me había escrito tras los insultos, ni se había acercado a mí antes o después del partido para saber cómo estaba o simplemente charlar conmigo. Ninguno. No hay mayor evidencia de cómo interpretaron mi denuncia. En cualquier caso, tampoco me hacía falta. Sí lo hubiese agradecido, pero no lo necesitaba. Afrontar de nuevo un momento de tanta exposición en mi vida, generando además opiniones contradictorias al respecto, me hizo fuerte, pero también me ayudó a identificar quién estaba a mi lado y, lo más importante, aprendí a desprenderme del aplauso constante, de la aceptación de los demás.

Hice lo que hice no para generar consenso ni que nadie me elogiase por ello. Lo hice porque se trataba de una injusticia repetida históricamente en el deporte que tiene que acabar de una vez. No lo hice por mí, pues, a fin de cuentas, salvando aquellas semanas más complicadas, mi vida iba a continuar discurriendo con la misma normalidad. Lo hice por todos aquellos niños y niñas que no tienen esa posibilidad. Por aquellos a los que este tipo de comportamientos llenos de odio terminan arrebatándoles sus sueños, les alejan del deporte y les impiden tener una vida normal, como el resto. Por esos niños y niñas que cada día escuchan insultos y a los que solo les queda la opción de sufrirlos y normalizar ese sufrimiento.

Y denunciándolo comprobé que ni siquiera esa noble intención es interpretada por todo el mundo como tal. Aunque también constaté que cuando crees en lo que haces y estás seguro de qué es lo correcto, no necesitas el beneplácito de todos para seguir. Solo el tuyo. Definitivamente, cambiar las normas no es fácil. Implica remangarse, mojarse, llenarse de barro. En ese camino se levanta mucho polvo, se hace ruido, y eso no gusta. La gente nos prefiere dóciles y callados. Por eso, cuando molestamos y rompemos las reglas del juego establecidas, los comentarios y juicios de valor al respecto no se hacen esperar. Que si es por notoriedad, por egoísmo... incluso verdugo en lugar de víctima. Toda esa maquinaria invisible perfectamente engrasada que siempre ha hecho que la homofobia esté presente en el deporte se pone en funcionamiento. Quizá nunca nos habíamos dado cuenta de que existía, pero cuando molesta, ahí está, silenciosa, haciendo su trabajo. Incluso nosotros, de manera inconsciente, podemos ser parte de esa cadena. No hace falta que gritemos «maricón». Pero negando un saludo, dando pie a conversaciones sobre si debería sancionarse de igual manera un «cabrón», o simplemente siendo imparcial, nos convertimos, sin querer, en uno más que conforma esa maquinaria. Ponerse de perfil ante la LGTBIfobia es una manera de contribuir a que siga existiendo. Hay cuestiones que no son debatibles ni opinables. Los derechos humanos no lo son. Atacar a alguien por el color de su piel, por su orientación o identidad sexual, o por su género no permite ser equidistante. Requiere tomar partido. Y solo hay un lado bueno: el del respeto a los derechos humanos. Afortunadamente para el deporte, la Federación Española de Natación no escurrió el bulto. Fue valiente y se posicionó. Y con ello y el precedente que ha marcado, cambiará la vida de cientos, miles, de deportistas en España. Aunque lo mejor es el mensaje que deja: la LGTBIfobia en el deporte ya no sale gratis.

12

FIN DEL PARTIDO

La política y el deporte son dos mundos que rara vez van de la mano, al menos de manera muy evidente. Los valores asociados al deporte son universales y, por tanto, no deberían circunscribirse a ninguna ideología o color político. Aunque las federaciones, clubes y organismos deportivos beben de las decisiones tomadas por la clase política, estos asumen una posición de imparcialidad institucional que contrasta con el actual panorama tan polarizado. Por supuesto que existen casos o situaciones donde se incumple esta ley no escrita, pero cuando sucede, llama mucho la atención y las voces que exigen esa neutralidad en el deporte se alzan. Así, la exigencia que desde el activismo tenemos con las instituciones deportivas para que den pasos más determinados en la defensa de los derechos LGTBI y de apostar por la visibilidad del colectivo, por ejemplo, contrasta con la verdadera intención de estas, que no es otra que mantenerse al margen para no verse salpicadas.

Por otro lado, la religión y la política son temas en los que consideran que no deben posicionarse y mantener una imagen de neutralidad, pues por desgracia ven las causas y la lucha del colectivo LGTBI como algo ideológico, no compartido por todo el planeta y que, por ello, genera conflicto y debate; por lo que suelen escoger el camino fácil y escurrir el bulto. Desde luego, son reivindicaciones completamente diferentes que no tienen que ver, puesto que cuando hablamos de derechos LGTBI nos referimos a derechos humanos, y eso no debería ser opinable ni debatible; pero hoy en día sí es percibido aún como un tema no universal.

En cuanto a los deportistas, su imagen tampoco suele asociarse a ningún partido político. Independientemente de la implicación o interés político que pueda tener cada uno, visibilizar de manera pública la cercanía a una formación u otra puede traer consecuencias negativas, por lo que los deportistas solemos evitar ese tipo de cuestiones lejos de la esfera privada. Pongamos el caso de Saúl Craviotto o Mireia Belmonte, dos de los mejores deportistas de la historia de España y extensamente conocidos. Ambos han sido abanderados en los JJ. OO., medallistas, y es habitual verlos en spots publicitarios, siendo la imagen de marcas, o en programas de televisión. En definitiva, son dos personajes mediáticos con cientos de miles de seguidores en sus redes sociales. ¿Qué pasaría si públicamente manifestasen su cercanía ideológica con un partido político del arco parlamentario español? ¿Y si hablasen de un tema sensible y de actualidad política como la independencia de Cataluña? Lo que ocurriría es que se pondrían una etiqueta para que la gente les catalogase. Lo cual despertaría mayor simpatía en una parte de la población, la cercana políticamente a ellos, pero también antipatía por la otra parte de la sociedad que no pensara así. Las marcas publicitarias, que buscan colocar su producto, no querrían asociarse con ellos, puesto que, al vincular su producto a la imagen de un deportista posicionado políticamente, implicaría cerrarse las puertas de un sector del mercado.

Viendo todo esto, no parece una decisión muy inteligente tomar partido político cuando se está en la élite del deporte y se tiene cierta repercusión, ya que supone dejar de ingresar dinero por parte de empresas y marcas. Sin embargo, yo nunca me he caracterizado por seguir la corriente o no asumir riesgos. Desde mi salida pública del armario, siempre tuve claro que no quería que fuese algo anecdótico. Nunca quise que fuese una mera noticia que sirviera de actualidad durante unos días y de la que luego todo el mundo se olvidara, o que la rescataran periódicamente con motivo del Día del Orgullo. No. Mi intención era la contraria. Quería convertirme en ese referente que nunca tuve y poder llegar con mi historia a cuantas más personas, mejor. Por ello, como sabéis, me formé como educador en deporte y diversidad por la comunidad de Madrid, y desde 2017 he ido dando charlas y conferencias tanto en ayuntamientos como en centros educativos, así como en equipos, federaciones, clubes y especialmente con empresas. Trabajé y di forma a mi mensaje para que tuviese impacto y, al igual que las reclamaciones LGTBI, que tuviese cabida los 365 días del año, no solo durante un mes. La decisión de salir públicamente del armario también me trajo a nivel profesional cosas muy positivas. El riesgo que asumí al dar ese paso tan importante, sin saber qué pasaría con mi carrera y cuál sería la reacción general, se premió con cariño, personas y experiencias inolvidables; y también con oportunidades laborales gracias a mi discurso e imagen.

Desde 2016 he colaborado con muchísima gente. Los valores que abanderaba despertaban el interés de algunas empresas y compañías. Querían asociar sus marcas a mi imagen y a lo que representaba. En ese sentido, siempre fui muy coherente. Sabía que mi profesión era el waterpolo y también lo que significaba la causa por la que luchaba, por lo que siempre elegí muy cuidadosa y responsablemente con quién trabajaba. Mientras que con las conferencias y ponencias me sentía muy cómodo, pues era llevar a diferentes sitios mi historia y mi mensaje, el tema de las colaboraciones con marcas siempre me produjo algo más de recelo. Quería evitar un conflicto de intereses o que la percepción de la gente fuera que me había convertido en una valla publicitaria. Por ello rechacé muchas colaboraciones, incluso aunque fuesen relativamente coherentes. También ocurrió lo mismo con determinados programas de televisión. Formatos que se alejaban de lo que yo buscaba para mi imagen, o que pensaba que podían desvirtuar y hacer perder valor a mi discurso.

Por ejemplo, nadie (ni yo mismo) habría entendido que hiciese una colaboración con una marca de cigarros o de alguna bebida alcohólica. Nada de eso iba en la línea de mi imagen ni de mis valores. Lo mismo sucedió cuando me propusieron entrar en el *reality show Supervivientes*. Pensé que no se entendería el paso que había dado si elegía ese camino, por lo que me esforcé por ser lo más «blanco» y coherente posible para que mi discurso ganase valor, en lugar de perderlo. En cualquier caso, desde mi salida del armario sí posicioné mi marca personal en distintos ámbitos.

Sin embargo, tras la aparición en España de la ultraderecha liderada por el partido VOX, mi mentalidad empezó a cambiar. El deporte y la comunicación siempre habían sido mis dos grandes pasiones. A pesar de estar al día de toda la actualidad política, en mi adolescencia nunca mostré especial interés por el ámbito político, más allá de las conversaciones habituales entre amigos y familia. Este interés fue creciendo a medida que fui haciéndome adulto, sobre todo, cuando fui descubriendo que había formaciones que sí defendían los derechos y libertades de personas como yo, y que había otros que no solamente no lo hacían, sino que trataban de legislar para quitarnos lo que habíamos conseguido.

La entrada de VOX en el espectro político significó que discursos que llevaban años reprimidos, escondidos, porque socialmente ya no eran correctos ni aceptados, resurgieran. La fuerza con la que entraron y el blanqueamiento por buena parte de los medios de comunicación hicieron que todos los días escuchásemos sus proclamas en medios, en redes sociales y en las instituciones parlamentarias. Un discurso machista, racista, xenófobo, homófobo, LGTBIfóbico y reaccionario, propio de otra época, había llegado para quedarse.

«Hemos pasado de pegar palizas a los homosexuales a que ahora esos colectivos nos impongan su ley», dijo Iván Espinosa de los Monteros, el portavoz de VOX en el Congreso de los Diputados.

«¿Por qué los gais celebran tanto el Día de San Valentín si lo suyo no es amor, es solo vicio?», fue la pregunta que hizo en su cuenta de Twitter Juan Ernesto Pflüger, del equipo de comunicación de VOX.

«El Orgullo gay es una caricatura y una jornada denigrante.» Reflexión vertida por Rocío Monasterio, diputada de la Asamblea de Madrid. La misma que enérgicamente siempre ha defendido la libertad de los padres para llevar a sus hijos a terapias de conversión y que puedan «curar» su homosexualidad. Tremendo.

Por supuesto que las personas del colectivo LGTBI no somos el único blanco de la diana. También lo es todo aquel que no sea español, hombre, blanco, heterosexual, adinerado y sin ninguna discapacidad. Constantemente asocian a las personas inmigrantes con todos los problemas de seguridad del país, los ponen como culpables de la crisis económica y, de manera muy insistente, pregonan que quieren retirar derechos ya adquiridos, como el del matrimonio igualitario, el aborto o la ley de violencia de género, la cual niegan que exista. Así, estos son solo algunos ejemplos de los terroríficos discursos que la formación ultraderechista y radical VOX colocaba día sí, día también, en medios, redes sociales y estamentos políticos. Dichos discursos comenzaron a calar en una parte de la sociedad y las agresiones y la violencia frente al colectivo LGTBI no se hicieron esperar. Es innegable la relación directa y estrecha que hay entre el aumento de los delitos de odio en nuestro país y la llegada de VOX con sus mensajes LGTBIfóbicos, racistas y machistas.

Pues bien, este panorama cada vez más polarizado me hizo reaccionar. Hasta el momento, había defendido a capa y espada al colectivo desde mis posibilidades. Con mi discurso, mi imagen, mi altavoz en redes sociales y mi activismo. Pero se trataba de un activismo personal, individualizado, ya que no partía de ninguna entidad ni asociación LGTBI. Había llegado la hora de dar un paso más.

Siempre había votado a partidos de izquierda o de centro izquierda, moderados y que fuesen coherentes y respetasen mi propia existencia. Nunca he sido capaz de darle mi voto, algo tan significativo y lo más poderoso que mucha gente tiene para cambiar las cosas, a un partido que fuese en contra de mi identidad. Sin embargo, no estaba afiliado ni tenía ningún vínculo cerrado con ningún partido. Sí que había participado en numerosas ocasiones en conferencias y distintas acciones con ayuntamientos del PSOE, del PP o de Ciudadanos. Siempre antepuse la visibilidad de mi discurso a determinados colores, dentro de una lógica. Allá donde se querían llevar actividades relacionadas con la visibilidad LGTBI y querían contar conmigo, yo lo veía como una oportunidad para convencer y sumar a más personas en nuestra lucha. Nunca he dejado de pensar que la única solución para cambiar las cosas es sumar.

Lo que sucedió en las elecciones andaluzas de 2018, me hizo reaccionar. Ciudadanos, VOX y el PP, se aliaron para facilitar el gobierno de estos últimos. La extrema derecha, por primera vez, pasaba a jugar un papel protagónico en el panorama político, con el beneplácito de la derecha y del centro derecha. El riesgo de involución y del calado de los discursos de odio de VOX se hacía realidad. Ante ese escenario, tuve claro que debía dar un paso al frente, y también tuve claro dónde quería militar: en el PSOE. El partido de cuya mano todos y cada uno de los avances sociales habían llegado a este país. El partido cuya firma llevaba leyes como por ejemplo la del matrimonio igualitario o la 3/2007, pionera en el mundo, que permitió a las personas trans cambiar de sexo sin necesidad de cirugía de reasignación de genitales. Un partido plagado de activistas y luchadores por los derechos y libertades del colectivo LGTBI, cuya cabeza más visible era Pedro Zerolo. Un partido al que avalaba su historia, sus miembros y, sobre todo, sus políticas.

No tuve ningún tipo de duda de dónde quería estar y de cuál era el mejor lugar para seguir defendiendo todo aquello en lo que creía y por lo que siempre había estado luchando. El PSOE. Sin pensármelo dos veces, hice algunas llamadas a personas que conocía dentro del partido y les trasladé mi intención de dar un paso al frente e involucrarme políticamente. Quería mojarme para combatir de cerca todos los discursos tan dañinos de la extrema derecha.

Lo siguiente fue rellenar el formulario y hacerme militante del partido socialista. Como por aquel entonces estaba viviendo en Terrassa, busqué la agrupación de la ciudad y me planté allí para presentarme y decirles que quería colaborar. Me recibieron con los brazos abiertos, pero también sorprendidos. Y es que no es habitual, como ya hemos visto, que deportistas con cierta trascendencia den ese paso y se signifiquen políticamente. Estaba convencido de que no, pero me preguntaron si aquello no me traería consecuencias deportivas o profesionales. Como es evidente, sabía que era más que probable que las colaboraciones con empresas, así como las puntuales con marcas publicitarias se cayeran y dejasen de producirse. Pero no me importaba. Gran parte del atractivo de que contasen conmigo era el mensaje universal y también mi imparcialidad, que, con este movimiento, se perdía. Si bien tenía muy claro qué era lo que quería hacer en ese momento, y no me importaban las posibles consecuencias, puesto que consideraba más importante el objetivo que me movía que un puñado de charlas al año.

Creo que una de las cosas que me caracterizan es que, sin premeditarlo, he dado pasos valientes en mi vida. Los hice cuando decidí salir del armario, también cuando quise exponerme y denunciar insultos homófobos, y este era otro paso más que requería determinación y fortaleza. Después de varios meses haciendo cositas pequeñas con el partido, asistiendo a mítines o ayudando en campaña, y teniendo alguna que otra reunión, conocí a Javier Aunión, que era el jefe de gabinete de la en aquel momento vicesecretaria general del PSOE, Adriana Lastra. Javier fue la persona que hizo que dejase de hacer pequeñas cosas para que pasase a una dimensión con mayor repercusión. Precisamente le conocí en verano, cuando la temporada 20/21 ya había terminado y había regresado a Madrid. Estando en la capital, y sin la obligación del deporte, pude implicarme mucho más. Comencé a asistir como ponente a algunos actos y a hacer más vida de partido. Fue a través de Javier que conocí personalmente a su jefa, Adriana. La sintonía con ella fue inmediata, tanto en lo político como en lo personal. Pude coincidir con ellos y con otras personas de relevancia del partido durante los meses de verano, y eso permitió que mucha gente me fuese conociendo. Una vez acabó agosto, volví a Terrassa para comenzar una nueva temporada. En mayo había renovado mi contrato con el club por dos temporadas, pues estaba en mi mejor momento deportivo, con más ganas de waterpolo, y muy feliz en el club.

Tanto Javier como otros compañeros que había conocido a lo largo del verano me recordaron que del 15 al 17 de octubre se celebraba el 40 Congreso del PSOE y que tenía que estar allí acompañándoles. En los congresos, que se celebraban cada cuatro años, se decidía la línea ideológica que seguiría del partido en todos los temas y se formaba la ejecutiva, que eran las personas elegidas por el secretario general, quien en este caso era el presidente del gobierno, Pedro Sánchez. Digamos que la ejecutiva es el grupo de personas expertas o referentes en cada ámbito del partido a nivel nacional, elegidas por el presidente. Si por ejemplo en el Congreso se defiende una ley de educación, las posición del PSOE es la que marca el partido, que no es otra que la que marca el secretario de educación de la ejecutiva. Pues lo mismo ocurre con diferentes ámbitos o temas.

El 40 Congreso se celebraba con la temporada ya empezada y yo ese sábado tenía partido. Hablé con mi entrenador y le comenté todos los pasos que había dado políticamente, lo implicado que estaba, así que le pedí que me dejase faltar a ese partido. Le insistí en lo importante que era para mí, que si buscábamos una fórmula aquello podría funcionar. El entrenador me dijo que no podía faltar, pero que trataría de cambiar el partido a un día entre semana para que pudiese asistir. Así fue.

A los pocos días de marcharme a Valencia, donde se celebraba el congreso, Javier me llamó y me pidió que le pasase mi currículum. Yo sabía que en el congreso habría cambios y se decidirían algunos asuntos, por lo que sospeché que quizá empezarían a contar conmigo para algunas cosas. Se lo pasé por correo. Un par de días después me llamó. La conversación jamás se me olvidará. Me preguntó si había conseguido arreglar lo del partido para poder ir. Cuando le contesté que sí, que no habría problema, me soltó la bomba: «Tengo que contarte una cosa, aunque esto no tiene por qué significar nada. Pedro (Sánchez) ha visto tu CV y le ha encantado, Víctor. Le ha encantado». Me quedé un par de segundos en silencio, alucinado, hasta que conseguí articular: «¿Y eso qué quiere decir?». Me dijo que nada, aunque sí me advirtió que estuviera preparado, pues podía pasar cualquier cosa. Desde luego, no soy una persona ingenua y sabía que algo podía pasar, pero ni por asomo pensé que mi vida estaba a punto de cambiar para siempre. Para empezar, iba a vivir mi primer congreso como socialista. Además, me habían invitado a participar en una mesa de debate sobre los derechos del colectivo LGTBI en el deporte y hablar de mi experiencia. Iba muy ilusionado y algo expectante por la conversación de hacía unos días con Javier.

Cuando llegué a Valencia, pasé por el hotel, me duché y cambié y fui al recinto donde se organizaba el congreso. Llamé a Javier para ver dónde estaba y me dio unas indicaciones para que nos encontrásemos. Al llegar, le vi muy serio. Me juró que no sabía el motivo, pero que Adriana Lastra quería verme, justo en ese momento. Así que bajamos a una zona que habían habilitado como despachos. Adriana estaba reunida con cuatro o cinco personas cuando llegamos y les pidió que nos dejasen a solas. Javier y yo pasamos al despacho y Adriana fue directa: «¿Cuánto tiempo estás dispuesto a dedicarle a la política?». De manera automática le dije que el cien por cien de mi tiempo. Lo siguiente que supe es que era el nuevo secretario LGTBI del PSOE. La emoción me impidió hablar. Apenas pude dar las gracias y abrazarla, también a Javier. Comencé a llorar. Estaba en *shock* y muy emocionado.

Salí del despacho y me fui a la calle. Busqué un sitio tranquilo y me senté a procesar lo que acababa de ocurrir. ¿Qué significaba lo que había aceptado hacía unos minutos? Entraba en la ejecutiva nacional (llamada ejecutiva federal) del PSOE. Acababa de pasar a formar parte del equipo del presidente del Gobierno. Aquello era muy grande. Pero ¿cómo lo iba a poder gestionar? ¿Significaba que tenía que dejar el deporte? ¿O que tenía que volver a Madrid? Las posibilidades eran muchas, demasiadas. Desde la más radical, que significaba dejar todo atrás, a tener que pedir algún que otro día a mi entrenador para viajar periódicamente y asumir mis responsabilidades como secretario LGTBI. No sabía qué iba a ser de mí. Llamé a mi madre y a algunos de mis mejores amigos para darles la noticia.

Sin duda, el fin de semana en Valencia fue inolvidable. No podía decir nada al respecto hasta el domingo, que es cuando me nombraban. Conocí a muchísimos compañeros de todas partes de España, me sentí parte de una gran familia, y no porque ellos supieran que iba a tener aquella responsabilidad, puesto que en ese momento nadie lo sabía. Decidí esperar hasta el domingo para hablar con mi entrenador, una vez tuviese más información de cómo iba a poder llevar toda esa responsabilidad.

Los nombres de la nueva ejecutiva se filtraron a la prensa el sábado prácticamente a medianoche y mi teléfono estalló. No paraban de llegarme mensajes y llamadas, puesto que muchos medios se habían hecho eco de mi «fichaje». «Pedro Sánchez ficha al waterpolista Víctor Gutiérrez para la secretaría LGTBI», se leía en casi todos los medios nacionales. *El País, El Mundo, ABC, La Vanguardia, Marca, AS*, Onda Cero... Otra vez una bomba que había que gestionar. Recibí también la felicitación y la enhorabuena de todos los compañeros que estaban conmigo y que me fueron viendo a lo largo de la noche a medida que me cruzaba con ellos. Estaba en una nube.

El domingo fue la clausura del congreso y la presentación a la militancia de la nueva ejecutiva. Cuando dijeron mi nombre, me tocó salir ante diecisiete mil personas, subir a un escenario y saludar. No podía creer lo que estaba viviendo.

Como es lógico, una vez se conoció la noticia, los mensajes y llamadas de mis compañeros de equipo no se hicieron esperar. Aunque no fue hasta el domingo por la tarde que pude hablar con mi entrenador. Javier me había dicho que el lunes se convocaba en la sede del partido, en Madrid, la primera reunión de la ejecutiva y que tenía que estar. Le dije a mi entrenador la verdad. Que aún estaba en *shock*, que no sabía bien qué iba a pasar y que necesitaba un poco más de información sobre cuáles serían mis responsabilidades para valorar la posibilidad de compatibilizarlo. Quedamos en que en lugar de volver a Terrassa iría a Madrid, asistiría a la ejecutiva del lunes y me informaría sobre qué consecuencias tendría aquello en mi profesión.

Recuerdo estar en el AVE de vuelta a Madrid, cuando se suponía que debía estar de camino a mi vida en Terrassa, sin saber qué iba a ser de mí. Emocionado, pero también un poco asustado por el gran cambio. Siempre que los cambios se han producido en mi vida, esa sensación de inseguridad ha aparecido para tratar de intimidarme un poco. Es lo que supone salir de la zona de confort y enfrentarse a lo desconocido. Que nos inunda el miedo.

Llegué a casa, abracé a mi madre y no pude contener las lágrimas. Únicamente me permití ese momento de «debilidad». Me acosté pronto y al día siguiente estuve puntual en la sede del partido, hecho un manojo de nervios, pero muy feliz y decidido. Las inseguridades y el miedo se habían transformado en ganas y fuerza. Estaba deseoso de emprender aquella aventura.

Una vez se cerraron las puertas de la sala y entró el presidente del Gobierno para sentarse en la mesa gigante que compartíamos tuve una revelación. No necesité esperar hasta la reunión que tenía programada a mediodía con Adriana para tratar mi situación. Estaba en otra división. En un lugar que ni siquiera había soñado. Fue como ver *Matrix*. La vida me había regalado una oportunidad única, maravillosa e importantísima. A pesar de que la política era un mundo desconocido para mí, aquel reto requería el cien por cien de mis capacidades. No podía desaprovechar esa oportunidad o coger ese tren a medias. Tenía que poner todo mi espíritu y dar lo mejor de mí. Estaba en la primera línea de un partido con 142 años de historia, liderando la primera secretaría de políticas LGTBI. Nunca antes el partido había tenido una secretaría específica y propia. Por tanto, la responsabilidad y la presión eran máximas.

Tras la ejecutiva me reuní con Adriana y acordamos que me trasladase a Madrid y que me centrase en esta nueva etapa. Era la única manera de ejercer bien mi trabajo y de tener la disponibilidad de horarios completa para estar a la altura, así como para poder viajar por todo el territorio español, pues mi responsabilidad es a nivel nacional. Después de conocer a mi equipo de trabajo, llamé a mi entrenador y le conté que mi vida había dado un giro de 180 grados de manera inesperada; no me queda otra alternativa, tenía que tomar la decisión de dejar el equipo. Siempre estaré agradecido a Dídac, mi entrenador en la etapa del Terrassa y alguien a quien considero un amigo, por la comprensión y facilidades que me dio.

Ciertamente, yo no elegí cuándo me iba a llegar la oportunidad, pero tuve que tomar una decisión. No fue fácil, puesto que sentí que me separaba de la élite del waterpolo en el mejor momento de mi carrera, y sin la sensación de querer dejar ese nivel. No obstante, el reto de continuar mi lucha desde el lugar donde se trabaja para cambiar las cosas y hacer la vida de la gente mejor era demasiado grande como para dejarlo escapar.

Mi vuelta a Terrassa fue un tanto agridulce. Llegué, hice las maletas, dejé el piso, rescindí el contrato con el club y me despedí de mis compañeros. Reuní a todo el equipo en la pista de fútbol de al lado del gimnasio y nada más comenzar a hablar se me quebró la voz. Otra vez llorando. En los últimos cuatro días toda la vorágine de emociones había hecho que me emocionase más de lo que acostumbraba. Asimismo, les expliqué lo que había pasado, la oportunidad que significaba para mí y para trabajar en lo que creo, y les agradecí los dos años y medio que habíamos compartido. En el Terrassa, por primera vez en un equipo, pude sentirme yo de verdad. Sin mochila, sin lastres, sin miedo. Fue el club que me fichó sabiendo al cien por cien quién era. El lugar donde la palabra equipo cobró más sentido en mi carrera deportiva. Dos años y medio inolvidables, rodeado de amigos. Dos años y medio en los que alcancé mi mejor nivel. Nunca jamás podré olvidarlo y siempre llevaré en el corazón al club, a mis compañeros y a la ciudad.

Había cerrado una de las etapas más bonitas de mi vida y de mayor crecimiento personal para dar paso a otra absolutamente emocionante. Durante los primeros meses de trabajo, me esforcé mucho en cogerle el pulso al cargo, conocer a fondo el partido y sobre todo moverme por el territorio nacional para que se notase el cambio que el PSOE buscaba. Tras un par de meses, cuando ya estaba más asentado, retomé los entrenamientos con mi anterior club, el Real Canoe. Evidentemente la importancia del deporte ha cambiado para mí. El waterpolo ha pasado de ser mi trabajo a ser mi *hobby*, pues mis responsabilidades son incompatibles con entrenar cinco o seis horas diarias, viajar los fines de semana y estar en uno de los tres mejores equipos de la liga. Hoy en día mi prioridad absoluta es la política. Sin embargo, con el paso del tiempo me he dado cuenta de todo el bien que me hace el deporte. No solo por las herramientas que me ha dado para gestionar mi vida fuera del agua, así como para saber trabajar en equipo, liderarlo, para relativizar lo bueno y lo malo o para saber ganar y sobre todo saber perder y afrontar las decepciones, sino por lo que supone en mi vida a nivel mental. Es mi manera de desconectar de todo lo externo y conectar conmigo mismo, mi manera de sentirme bien, mi vía de escape y mi mejor medicina para encarar situaciones complicadas con la mente despejada. El deporte no solo es competición. El deporte es vida.

Por ello, regreso a la máxima categoría del waterpolo nacional, la División de Honor, con el Canoe. Soy consciente de que no podré jugar todos los partidos, ni asistir a todos los entrenamientos, pero estoy dispuesto a hacer ese sacrificio y dedicar todo mi tiempo libre a mi gran pasión, para poder seguir compitiendo unos años más. Mi cuerpo me lo pide y necesito regalarme al menos una temporada más que pueda disfrutar, eso sí, siendo consciente de que el fin del deporte de élite está cerca. Cuando me llegó la oportunidad con el PSOE, tuve que salir precipitadamente de la élite y después de tantos años siento que me debo un «último baile» en lo más alto.

No sé si seguiré jugando uno, dos o tres años. Pero tengo muy claro que necesito el waterpolo en mi vida y que voy a hacer todo lo que mi trabajo me lo permita para seguir compatibilizándolo. De igual forma, tengo claro cuál es uno de mis grandes retos: tratar de hacer del deporte un espacio seguro y mejor para todos. Estoy en el lugar perfecto para poder cambiar las cosas para el colectivo LGTBI.

Respecto a mi etapa en la política, solo el tiempo y vosotros podréis juzgarla. No sé cuánto durará. Espero que mucho y que pueda cambiar las cosas desde dentro. Seguro que habrá aciertos y muchos más fallos. Pero sí podré asegurar que he puesto todo mi corazón, mi ilusión y mi determinación en ello, como he hecho siempre en cada paso de mi vida. Y es que a través de mi historia personal he tratado de hacer ver las muchísimas dificultades a las que se enfrentan las personas LGTBI cada día, en especial en el mundo del deporte; en muchos casos, desde una edad muy muy temprana. El deporte no debería servir para reforzar las zancadillas que la sociedad ya nos pone a las personas LGTBI desde el momento en que nacemos, sino para que nuestro sentimiento de pertenencia se potencie, y con él nuestra autoestima y amor propio. El deporte siempre debería ser un lugar inundado por la luz, donde crecer, no donde las peores caras de la sociedad se manifiestan en forma de cánticos, proclamas, insultos y discriminación.

De los cientos de retos en materia LGTBI en el deporte, sin duda, el más apremiante es el de la educación. Si de algo me he dado cuenta echando la vista atrás y observando el largo camino que he tenido que andar hasta quererme lo suficiente como para no negarme mi propio aplauso y hasta que he sido capaz de darme ese autoabrazo sanador, es que todo ese sufrimiento era evitable. En consecuencia, la manera en que hubiese afrontado mi identidad habría sido completamente distinta, pero, sobre todo, habría sido sin dolor, sin miedo y sin vergüenza. Desde que nacemos las reglas del juego, según las cuales está configurada la sociedad, nos dicen cuál debe ser nuestra identidad. Ocurre desde que salimos del vientre de nuestra madre, cuando nos ponen la primera etiqueta, encasillándonos en el color azul o el rosa. Cuando en casa o en el colegio nos dicen que los niños no juegan con muñecas y que las niñas no juegan con camiones. Cuando nos dicen que hay deportes de chicos, como el fútbol o el rugby, y otros de chicas, como el ballet o la natación sincronizada. Cuando a una edad muy temprana se inicia esa sexualización encubierta en la que preguntan a las niñas si tienen novio y a los niños si tienen novia. Cuando escuchamos ese primer «maricón», ese primer «bollera» o «travelo». Cuando no hemos tenido referentes o escuchamos cómo insultan y menosprecian a nuestros referentes. Cuando sentimos miedo a que nuestras familias y amigos sepan quiénes somos, y lo ocultamos. Cuando sentimos ese nudo en el pecho y el temor a lo desconocido al sentarnos con ellos para explicárselo.

Después de escuchar durante toda nuestras vidas qué ropa podemos ponernos y cuál no, con qué juguetes podemos jugar y con cuáles no, qué deporte podemos hacer y cuál no, o quién nos puede gustar y quién no, quizá no hace falta ni que nos insulten, porque el sentimiento inexplicable de estarle fallando a nuestra familia y amigos, de no ser lo que los demás esperan de nosotros, el sentimiento de repulsa hacia uno mismo es insoportable. Quizá nadie nos ha llamado maricón o bollera, quizá no nos hayan empujado o pegado un bofetón, pero somos nosotros mismos quienes ejercemos esa violencia sobre nuestra conciencia. Y sí, esto es evitable. ¿Cómo? A través de una educación diversa. Mediante charlas en los colegios, institutos y equipos. Charlas en las que se hable sobre la diversidad afectivo sexual, sobre el respeto a ella, sobre la tolerancia. Que se dé información sobre esta materia al profesorado, técnicos y alumnado.

Ofrecer herramientas a los más jóvenes para gestionar su realidad, para que no se sientan solos ni aislados, o que a ninguno se le pase por la cabeza ni por un instante el pensamiento de que está enfermo o de que no merece la pena seguir viviendo. Dar herramientas para que desde el deporte no solo se sancione cuando toca, sino que también se prevenga. En definitiva, la educación es el medio más poderoso para cambiar las cosas y hacer que las generaciones futuras tengan un camino más sencillo. Y en esa educación, el deporte debe jugar un papel fundamental.

Romper de una vez con los roles de género es urgente. Porque, como hemos visto, son los grandes culpables de los males que rodean al deporte. Son los encargados de perpetuar una masculinidad mal entendida y tóxica en la que el hombre, cuanto más fuerte e intimidante, más hombre es y, por tanto, más poder tiene. Y también los que siguen ofreciéndonos esa imagen débil de la mujer, no apta para determinadas disciplinas, pues debe ceñirse a los estándares de la feminidad clásica. Quizá el ámbito deportivo es el lugar en el que más evidentes son estas cadenas que inmovilizan la evolución. Y es que no tengo la menor duda de que a través del deporte podemos lograr muchos de nuestros objetivos como colectivo y como sociedad. Derribar estos muros es apremiante para el deporte, sí, pero más aún para la sociedad. Durante mi formación como educador en deporte y diversidad, aprendí una expresión que ya he hecho mía: agente del cambio.

Convirtámonos en agentes del cambio. Porque todos tenemos la capacidad de cambiar el mundo a nuestro alrededor. Puede que pensemos que el radio de acción de una sola persona es pequeño e imperceptible, pero no es cierto. Quizá nunca lleguemos a saber a quién estamos pudiendo ayudar, sin embargo, con nuestro ejemplo y con nuestro compromiso podemos cambiar el mundo de una persona. Especialmente de alguien joven.

Desde aquel primer insulto cuando tenía ocho años, la palabra maricón me ha acompañado a lo largo de mi vida. Con mayor o menor presencia, de manera más o menos dolorosa, pero desde aquel día llegó para quedarse. Soy capaz de recordar cada vez que alguien me llamó así para hacerme daño. Los insultos, las frases dolorosas, nos marcan y se clavan como cuchillos en nuestro corazón; es algo que jamás olvidamos.

Precisamente por eso, todos podemos servir como referente. Todos podemos ser un agente del cambio. Porque todos tenemos la posibilidad de detener ciertos comportamientos, de plantarnos ante ellos, de dar un golpe en la mesa y rebelarnos contra la norma. En un colegio o en un equipo, pero también en mitad de la calle, en un supermercado, en el autobús o en una peluquería. Todos podemos cambiar el destino de alguien. Porque no sabemos quién puede estar viéndonos o escuchándonos. A veces una sola palabra basta para hacer daño. Y también hay palabras que consiguen sanar si se escuchan a tiempo.

Quizá entre esa pequeña multitud de nuestra vida haya un chico de ocho años al que han llamado maricón y que está comenzando un terrible viaje hacia su propio desprecio. Un chico que necesite un referente. Un chico que necesite que le salven de su propio sufrimiento. Un chico que simplemente necesite saber que no está solo, que no le pasa nada malo. Y, sobre todo, que no tiene nada por lo que sentirse avergonzado.

Porque no hay nada más maravilloso que hacer la vida de los demás un poquito mejor. Así que, con independencia de vuestra orientación sexual, asumid esta responsabilidad, trabajad cada día para ello. Hay muchísimas personas que os necesitan. Os aseguro que merece la pena. Convertíos en agentes del cambio.

AGRADECIMIENTOS

Son muchísimas las personas que han contribuido a hacer realidad este sueño.

Quiero acordarme de todos aquellos que, de una forma u otra, me han ayudado a convertirme en la persona que soy y andan, o anduvieron, junto a mí en este viaje.

A mi familia. A mi madre, mi hermano y mi abuela. Gracias. Nada de esto hubiese sido posible sin vosotros al lado.

A mis amigos incondicionales Diego Tébar, Javier Cáceres, Ana García, Javier Peregrina, Greg, Alberto Mariscal, David Acosta, Carlos Peralta, Gonzalo Ortiz, David Huescar, Pablo Del Pozo, Javier Aunión y Miquel Fernández.

A Eu, que tan importante es y tanto me ha hecho crecer.

A mis primeros amigos en aquellos años de descubrimiento: Mario Alonso, Ildemar, Álvaro Maldonado, Borja del Castillo, William, Lizandro y Sandra Blasco.

A todos los amigos y compañeros de equipo que a lo largo de todos estos años en las piscinas han dejado huella en mí: Miguel García, Antonio Tena, Eridú y Alberto Barroso.

A la revista *Shangay*, por cambiarme la vida con un reportaje. A su director, Alfonso Llopart, y a Nacho Fresno, por su cariño y amistad.

A David Guerrero, por su activismo, sus consejos y por inspirarme. A Paco Polo, por ayudarme a dar el paso que quería.

A Adriana Lastra, por apostar por mí para ser el secretario LGTBI del PSOE, y al presidente Pedro Sánchez, por la confianza depositada para ejercer tal responsabilidad. Es un honor enorme estar donde estoy.

A Adrián, por la humanidad, la bondad, la cercanía y el cariño. Por ser mi gran apoyo en esta nueva etapa. Por enseñarme que se puede hacer política desde el corazón.

Al Real Canoe N. C., por ser mi segunda casa. Por tener sus puertas siempre abiertas. A todos los compañeros con los que he compartido vestuario en estos diez años en el club.

A todo el C. N. Terrassa, por regalarme mis mejores años deportivos. Por permitirme desprenderme de las últimas trazas de esa pesada coraza que durante tantos años llevé. Por estar a mi lado, sin dudarlo, cuando más lo necesité. Gracias del primero al último miembro del club. A todos y cada uno de los compañeros que tuve durante mi estancia. Especialmente a Ricard Alarcón, Óscar Aguilar, Sergi Mora, Andreu Aparicio y Dídac Cobacho. He sido muy muy feliz con vosotros. Os llevo en el corazón.

A Leticia, por darme la oportunidad de dar a conocer mi historia mediante la publicación de este libro. A Sara, que me ha ayudado a darle forma.

A todas aquellas personas con las que he coincidido, he compartido experiencias y me han ayudado con ellas a ser más grande. Gracias de corazón. También formáis parte de esto.

Y gracias a ti, que estás leyendo esto, por acompañarme en mi viaje.